한 단어 사전, 천天

한 단어 사전,
천

한 단어 사전

天

히라이시 나오아키平石直昭 지음
한림대학교 한림과학원 기획
이승률 옮김

푸른역사

한 단어 사전을 펴내며

한 마디 말에 역사가 있다. '자연'도 '나라'도 '기술'도 시대와 함께 그 의미를 변화시키고 또 시대의 층을 헤쳐 나옴으로써 의미 내용을 풍부하게 해왔다. 부정적인 의미가 긍정적인 것으로 변화하는 경우도 있다. 예를 들어 '와비わび(한적한 정취)·사비さび(예스럽고 차분한 아취)'가 그렇다. 이와 반대로 예전에는 성전聖戦으로서 긍정적인 의미를 띠었던 '전쟁'이 오늘날에는 부정적인 뉘앙스를 지니고 있다. 한 단어, 한 단어가 역사와 함께 살아 숨 쉬고 있다.

많은 언어가 다른 문화의 영향을 받는다. 현대 일본어는 예로부터 전해져 내려오는 일본어(야마토 고토바)와 중국에서 유입된 한자漢字·한어漢語로 이루어져 있다. 무로마치室町 이래, 특히 막부 말기·메이지 이래의 구미어歐美語에서 온 번역어와 구미어를 가나カナ문자로 표기한 외래어가 여기에 더해졌다. 번역어나 외래어의 의미 내용은 원어의 그것과 반드시 일치하지는 않는다. 그 차이는 문화의 차이를 예민하게 반영한다. 예컨대 메이지 초기에 번역어로 채용된 '자유'는 오해를 피하기 위해 주석이 필요할 정도였다.

번역은 말의 엄밀한 정의 위에서 행해진다. 원어와 번역어에 내재되어 있는 각각의 풍토 차이도 고찰의 대상이 된다. 이러한 작업을 필요로 하지 않는 외래어의 무한정한 유행은 바람직한 현상이라고 할 수는 없을 것이다.

오늘날에는 또한 말의 조작에 의한 대중 조작 현상도 보인다. 말의 의미를 고의적으로 왜곡시키고, 계획적으로 특정한 말이 유행하도록 만든다. 말에 대한 무감각을 조장하는 이러한 유행 현상은 원래는 문화나 우리 자신의 사회 생활과 아무런 관계도 없는 것이다.

말은 그 지시 작용을 통해 사물과 교류하지만, 그와 동시에 정의 이상의 맛을 내포하며 우리들 속에서 살아 숨 쉰다. 한 사람, 한 사람이 자신의 말로 말하고 인간으로서의 본 모습을 보다 풍요롭게 만들기 위해 우리는 한 단어 한 단어의 내력을 더듬고 그것을 역사적·문화적인 시야 속에서 검토하지 않으면 안 된다.《한 단어 사전》의 시도가 그 일에 조금이나마 도움이 되었으면 한다.

[일러두기]

1. 원저에서 사용하고 있는 '天' 을 문맥에 따라 '천' 내지는 '하늘'로 번역했다.

2. 원저에는 각주가 없다. 이 책에서 주석으로 처리한 것은 모두 옮긴이가 독자의 이해를 돕기 위해 번역 과정에서 새로 작성한 것이다.

3. 중국 고전 및 개인 문집을 인용할 경우 원저에서는 한문은 제시하지 않고 한자와 일본어를 섞어 일본식으로 읽은 문장만 제시하고 있다. 여기서는 독자의 이해를 돕기 위해 각주 형식으로 해당 한문을 제시했다.

4. 원저에 인용된 일본 고전 및 개인 문집의 경우에는 원문이 한문으로 되어 있는 것과 일본어로 되어 있는 것, 두 종류가 있다. 원저에서는 원문이 한문으로 되어 있는 것도 중국의 경우와 마찬가지로 일본식으로 읽은 문장만 제시하고 있다. 여기서는 독자의 이해를 돕기 위해 원문이 한문인 경우에 한해 각주 형식으로 해당 한문을 제시했다.

5. 외국 인명은 원어 발음에 가깝게 표기하려고 노력했다. 단, 중국 인명의 경우에는 도혜숙·배은한·장호득, 〈중국어 한글 표기법 개선안〉(《中國學報》 55, 2007)의 표기법을 따랐다.

지금 왜 '천天' 인가:
이 책의 기본적인 관심

'천'의 사어화死語化

우리가 평소에 무심코 사용하는 말 중에 '천'이라는 말이 포함된 숙어의 숫자가 반드시 적다고는 할 수 없다. 예를 들어 '천기天氣'(일본어로 날씨를 뜻함), '천재天才', '천직天職', '천체天體', '천황天皇', '천분天分', '천명天命' 등을 들 수 있다. 그러나 이러한 말들을 사용하고 있는 현대 일본인이 '천'을 하나의 사상이나 신조信條 체계의 상징으로 인식하고 있을까 하고 묻는다면 그 대답은 '아니오'일 것이다. 우리는 일상 생활 속에서 이 숙어들을 소비하면서도 다른 한편으로는 '천'이라는 말의 기원이나 유래, 의미의 다양성이나 역사적 변화에 대해서는 거의 관심을 갖고 있지 않다. 그것은 곧 '천'이 현대 일본에서는 어떤 통일적인 사상 체계를 표현하는 말로서는 거의 사어화되어 있다는 것을 의미한다.

근세·메이지 초기의 '천'

그에 반해 일본 역사상 '천'이 사상 개념으로 광범위하게 유포되어 있었던 것은 근세의 도쿠가와德川 시대이다. 예컨대 이 무렵에는 도쿠가와 가문에 의한 정권 장악을 '천명'에 의해 정통화正統化하는 논의가 자주 발견되었다. 또 근세 사회는 세습적인 신분제 질서 하에 있었는데, 그러한 상하의 수직 관계를 '천존지비天尊地卑'라는 자연 질서의 모습에 비유해 정당화하는 논리도 상당한 영향력을 갖고 있었다. 또 다른 측면에서는 근세 초기에 통속적인 교훈서로 쓰인 '가나조시假名草子'[1]에 "천도天道는 선에 복을 주고 악에 재앙을 내린다"는 말이 자주 나타난다. 또, 지카마쓰 몬자에 몬近松門左衛門(1653~1724)은 자신의 희곡에서 상가商家에서 근무하는 평범한 데다이手代(수석 종업원 아래, 견습 점원 위에 위치하는 종업원)가 아침마다 '천도씨신天道氏神에게 기도하는' 것을 기술하고 있다(《五十年忌歌念佛》). 게다가 근세 중기 이후 도시를 중심으로 서민 교화에 큰 역할을 한 세키몬신가쿠石門心學[2]에서는 주어진 신분에 만족하도록 사람들을 깨우친다는 문맥에서 '사람은 하나의 작은 천지天地'라는 것을 강조했다. 그리고 이와 병행해 당시 유학자들은 유교 고전 속의 용례에 바탕을 두면서 '천'의 어의를 철학적으로 고찰하고 있다(伊藤仁齋의 《語孟字義》, 荻生徂徠의 《辨名》 등). 이렇게 보면 근세 일본에서는 '천'이 권력의 정통화나 사회 질서의 피지배층으로의 내면화, 나아가 도덕적 규율화 등의 측면에서 중요한 역할을 하고 있었음을 알 수 있을 것이다.

그런데 주지하는 바와 같이 메이지 초기에 후쿠자와 유키치福澤 諭吉(1835~1901)는 "하늘은 사람 위에 사람을 만들지 않고 사람 아래에 사람을 만들지 않는다"고 했다. 이것은 유신維新 정부에 의한 사민평등四民平等의 슬로건을 배경으로 당시 일본인들에게 신선한 감동을 주었다. 그리고 자연과학이나 도덕학moral science 등과 같은 새로운 학문의 습득[修得]을 통해 독립된 시민이 되도록 그들에게 용기를 북돋아 주었다(《學問のすすめ》初編, 1872). 두말할 나위도 없이 여기서의 '천'은 근세 일본에서의 역할과는 반대로 세습적인 신분제 질서를 상대화하는 평등주의적인 원리로 기능하고 있다. 그리고 그때 후쿠자와가 염두에 두고 있었던 것은 신God 앞에서의 평등이라는 기독교적인 교의였다. 그러나 그것이 위와 같이 번역되어 사람들에게 어필할 수 있었던 배경에는 '천'이 전통적으로 지니고 있었던 사상적 개념으로서의 무게가 있었을 것이다. 그것은 자유민권파가 오늘날 말하는 기본적 인권(자연권)을 '천부인권'으로 번역해 사회진화론의 '약육강식'론에 대항한 예를 통해서도 말할 수 있다.

근대 일본에서 '천'의 쇠퇴

이처럼 후쿠자와 등이 '천'의 기능을 전환시킨 것은 어떻게 가능했을까? 이것은 근세에서 근대에 걸친 일본 사상사 내부에서의 연속성과 비연속성의 관계와 관련이 있는 큰 문제이다. 이것에 대해서는 차차 알아보기로 하고, 여기서는 또 하나의 큰 문제를 언급하기로 하겠다. 메이지 초기에 이러한 혁명적 역할을 수행할 수 있었던 '천'의 이념이 이후 일본 근대사의 과정에서 점차 사상적인 상징으로서의 의미를 상실해 간 것이다. 예를 들어 다이쇼大正 시대 무렵까지만 해도 일본에서는 동서 문명의 조화가 일본의 '천직天職'이라는 논의가 자주 발견되었다(大隈重信 등). 좀 더 공격적인 경우에도 구미에 대한 일본 제국주의의 도전을 '인류 공존의 천도天道'로 정당화하는 논의가 존재했었다(北一輝, 大川周明 등). 거기에는 일본을 초월한 보편자로서의 '천'의 관념이 남아 있고, 또 그것에 비추어 일본의 행위를 정당화하고자 하는 의식도 자기기만적이라고 하더라도 있었다고 할 수 있다.

그에 반해 '태평양전쟁' 직전에 문부성 교학국敎學局이 간행한 《신민의 길臣民の道》이라는 공식 국체론國體論 개설서에서는 이러한 '천'의 관념을 어디서도 찾아볼 수 없다. 거기에서는 구미의 세계 지배를 대신하는 새로운 질서의 건설이라는 일본 사명의 기초가 '천'이 아니라 '만세일계萬世一系의 국체'에 의해 세워져 있다. 확실히 '천업天業'이라는 말은 나온다. 그러나 문맥상 그것은 일본의 조상신인 아마테라스 오오카미天照大神의 유지를 이어받아 역대의 천황이 '전 세계를 한 집으로 삼는다[八紘爲宇]'는 것을 가리키고 있다. 즉 조상신의 유지를 이어받은 일본의 세계 지배가 '천

업'의 내용인 것이다. 그리고 이러한 특정 공동체의 유지와 확대를 가치 기준으로 삼는 이른바 특수주의적인 관념이 마찬가지로 중일전쟁 직전에 문부성에서 편찬된 《국체의 본의國體の本義》에서도 강조되고 있었다.

여기에는 후쿠자와의 '천'이 지니고 있던 평등주의적인 의미는 없다. 뿐만 아니라 본래 '천'이 고대 중국에서 지니고 있었던 개별 왕조를 초월한 보편자의 의미도 상실되어 버렸다. 여기에서 '천'의 사어화의 한 현상을 볼 수 있을 것이다. 이 점은 청일전쟁, 노일전쟁, '태평양전쟁' 등 각 전쟁을 즈음해 내려진 선전宣戰 조칙에 대해서도 말할 수 있다. 그것들은 모두 "천우天佑를 보유保有하는 만세 일계의 황통皇統을 잇는 우리 대일본제국 황제(천황)는"이라는 말로 서두가 시작되고 있듯이 일본과 '천'의 특별한 관계가 전제되어 있기 때문이다. "황천皇天은 친함이 없다. 오직 덕이 있는 자를 도울 뿐이다"[3]라는 문장에서 보이는 것과 같은 '천'의 객관성의 관념은 사라져 버렸다고 해야 한다. 그리고 이러한 노선에 따른 선전과 교육이 체계적으로 이루어지는 사이에, 대부분의 일본인의 의식이 '일본'이라는 공동체의 공간 내부에 갇혀 그것을 초월해 보편적으로 확대되어 갈 수 없게 되어 버렸다. 전쟁 이후 맨 먼저 일본 국민의 전쟁 책임을 주체적인 입장에서 제기한 좌담회에서 하니야 유타카埴谷雄高(1909~1997)는 '비국민非國民'이라는 소리를 들으면 화를 내지만 '비인도적非人道的'이라는 말을 들어도 아무 느낌이 없다는 어떤 친구의 솔직한 마음을 소개하고 있다(埴

谷雄高, 〈文學者の責務〉, 《人間》, 1946년 4월호). 이러한 감각과 '천'의 사어화는 깊은 곳에서 연결되어 있었을 것이다.

고전 교육의 변용

근대 일본에서의 '천'의 사어화를 초래한 한 가지 원인으로 이른바 고전 교육이 전통 유교적인 것에서 서양 중심적인 것으로 바뀐 것을 들 수 있다(예를 들어 夏目漱石의 《明暗》[1916]에는 독일어 원서는 읽을 수 있지만 한문 고전은 전혀 읽지 못하는 제국대 출신의 인텔리가 나온다). 이러한 전환 자체는 대외적인 위기감을 배경으로 한 서양화 정책에서 비롯된 하나의 현상이었다. 그러나 문제는 다른 한편으로 '충忠'·'효孝'와 같은 유교적인 덕목이 '교육칙어敎育勅語'나 가족국가론을 통해 근대 일본에서도 계속 강조되고 있었다는 것이다. 교과 과정 편성이라는 측면에서 말하면 그것은 초등 교육에서 '충'·'효'의 주입이 고등 교육에서의 서구 근대 사상의 교육과 병존했다는 것을 의미했다. 그리고 이 병존이 내포하는 사상적 모순은 '화혼양재和魂洋才', '화양절충和洋折衷'과 같은 슬로건에 의해 표면적으로 호도되는 데 그쳤다. 그리하여 근대 사상과 유교 사상(일반적으로는 전통 사상)과의 대결은 각자의 내면에서 불충분하게밖에 이루어지지 못했으며, 그로 인해 그러한 대결을 통해 가능했을 '천'의 보편적인 요소의 계승까지 불충분한 상태로 끝나게 되었다.

관념의 이데올로기적 이용

확실히 하기 위해 말하면 '충'과 '효'의 주입은 국민의 정신적 통합을 강화하기 위해 그것들을 이용한다는 이데올로기적 성격이 강한 것이었다. 유교라는 통일적인 사상 체계가 전체적으로 진지한 계승이나 대결의 대상이 되었던 것 같지는 않다. 예컨대 이노우에 데쓰지로井上哲次郎(1855~1944)에 의한 도쿠가와 유교 연구가 어떤 관심에서 이루어지고 있는지를 보면 이 점이 분명히 드러날 것이다. 그는 《일본 주자학파의 철학日本朱子學派之哲學》 서문에서 다음과 같이 말하고 있다. "바야흐로 노일전쟁이 이미 종결을 고하고 우리나라의 위광威光이 크게 우내宇內에 발양함에 따라, 구미의 학자들이 점차 우리나라가 강대한 이유를 구명하려 하고 있다. 이때를 맞아 도쿠가와 시대 300년간 우리나라의 교육주의가 되고 국민 도덕이 발전하는 데 위대한 영향을 끼친 주자학파의 사적 발전을 어찌 또한 하루라도 소홀히 할 수 있겠는가"(富山房, 1906). 즉 그의 관심은 일본의 '위광'과 '강대함'을 가져 온 '국민 도덕의 발전'을 떠받친 것이 무엇인가 하는 내셔널리즘의 입장에서 비롯되고 있었다. 오늘날의 '유교 자본주의론'(근년의 아시아 NIES[신흥 공업 경제 지역]의 경제 성장을 유교 문화의 전통에서 설명하는 논의)과 통하는 태도를 여기에서 찾을 수 있을 것이다. 그리고 이러한 관심에서 그는 '교육칙어'의 해설과 보급에 힘썼던 것이다.

그러나 만약 일본의 발전이 주자학을 기초로 하는 '국민 도덕의 발전'에 의한 것이라면 일본 이상으로 주자학이 성행했던 중국이나 한국은 어째서 일본처럼 당시 발전하지 않았을까? 이노우에의 논의는 이러한 소박한 물음에 충분히 답할 수 없을 것이다. 오늘날의 '유교 자본주의론'에 대해서도 같은 말을 할 수 있다. 만약 유교가 경제 성장을 가능하게 했다면, NIES는 어째서 좀 더 일찍 성장하지 않았을까? 게다가 주자학이 실제로 도쿠가와 시대에 공명을 받은 이유 중의 하나가 인간의 존귀성을 강조했다는 것이었다. 그것은 '천명'으로서의 '성性'이라는 관념의 뒷받침을 받고 있었다(자세한 이야기는 후술). 주자학을 통해 사람은 먼저 '인간'이 되려고 했던 것이지 '국민'이 되려고 했던 것은 아니다.

문제는 그 존귀성이 예를 들어 후쿠자와가 말하는 '독립자존'의 이념과는 구조적으로 달랐다는 것이다. 후쿠자와 자신은 서양의 문명주의와 동양의 유교주의를 비교할 때 후자에 없는 것은 유형적인 측면에서는 수리학數理學이고 무형적인 측면에서는 독립심이라고 지적하고 있었다《福翁自傳》. 이 차이를 밝히기 위해서는 '천'이나 '자연'의 이념 분석이 필요했다. 그러나 이러한 작업이 이노우에에 의해 충분히 이루어지지 않았다(丸山眞男의 〈福澤に於ける《實學》の轉回〉는 이 차이를 고찰한 선구적인 연구이다. 《丸山眞男集》 제3권 수록, 岩波書店, 1995, 초출初出 1947). 이리하여 여기서 한 예를 보듯

이, 근대 일본이 근세가 낳은 유교 사상의 유산을 내셔널리즘의 목적을 위해 이용할 때, '천'이라는 이념의 계승, 또는 의미 전환의 가능성이라는 문제가 충분히 고려되지 않은 채 끝나고 말았다. 일찍이 마루야마 마사오丸山眞男는 "메이지 중기 이후 유교적 교양이 급격히 **줄어들고,** 게다가 천명이나 천도를 대신하는 보편주의적 관념이 뿌리를 내리지 못한 것이 전통적인 신국神國 사상의 극단화를 용이하게 만든 **하나의** 사상적 요인으로 생각된다"는 가설을 말한 적이 있다(〈開國〉, 《忠誠と反逆》, 筑摩書房, 1992, 초출 1959. 강조는 원문 그대로이다). 날카로운 지적이라고 해야 한다.

이상에서는 현대의 우리가 '천'이라는 거의 사어화된 말을 거론하는 의미와 관련해 그 일단을 생각해 보았다. 그것에는 근현대의 일본이 안고 있는 하나의 사상적 과제가 단적으로 나타나 있다고 할 수 있을 것이다. 즉 유교를 중심으로 한 전통 사상과 근대 서구 사상을 대결시키면서 양자에 공통되는 보편주의적인 요소를 어떻게 계승해 갈 것인가 하는 문제이다. 이 책에서는 이런 문제에 관심을 가지면서 고대 중국에서 '천'의 기원이나 다의성 및 다방면에 걸친 의미 연관, 일본의 다양한 수용 양상 등을 살펴보고자 한다.

'천'의 기원과 '제帝'와의 관련

天

문자를 통해서 본 '천'

후한後漢 시대 허신許愼(30~124)은 그의 《설문해자說文解字》〈일상
一上〉에서 '천'은 "전顚(꼭대기)이다. 아주 높아서 그 위에는 아무
것도 없다. 일一과 대大 두 글자로 이루어진다"라고 말하고 있다.
즉 그는 '천'을 '一'과 '大'의 회의會意문자로 해석하고 그것으로
'천'의 지고성至高性을 설명하고 있는 것이다. 그러나 이러한 설에
대해 오늘날의 학자들은 거의 부정적이다. 오히려 '천'은 원래 인
간의 정수리의 소재를 나타낸 상형象形 문자로 그로 인해 '꼭대기
[頂]'를 가리키게 되었고, 나아가서는 천공天空이나 천신天神을 의
미하기에 이르렀다는 주장이 현재의 유력한 설이라고 할 수 있다
(처음에는 王國維가 제창하고 郭沫若가 발전시켰다. 郭沫若, 〈天の思想〉, 《岩
波講座東洋思潮〔東洋思想の諸問題〕》, 岩波書店, 1935; 池田末利, 〈釋帝·天〉,
《廣島大學文學部紀要》 3호, 1953; 穴澤辰雄, 《中國古代思想論考》, 汲古書院,
1982 등을 참조).

'천'의 기원

그런데 학자들의 거의 일치된 견해에 의하면 이러한 '천'은 기원전 11세기의 중국에서 은주殷周 혁명의 과정을 통해 중요한 의미를 지닌 관념으로 등장했다고 한다. 당시의 사정을 엿볼 수 있는 문자 사료史料로 오늘날 우리는 갑골문甲骨文과 금문金文, 그리고 《서경》이라고 불리는 텍스트 가운데서 주나라 초기의 작품으로 추정되는 여러 편들 등 이러한 세 종류의 사료를 갖고 있다.

갑골문은 중국 태고 시대 은나라 사람들이 남긴 고고학적 사료이다. 신정神政 정치 하에 있던 그들은 그해의 풍년이나 강우, 가뭄 등의 날씨를 자주 점쳤다. 그 밖에도 군사 원정이나 도시 건설, 각종 제사 등 중요한 결정이나 의식을 행할 때에는 항상 거북의 딱지를 지진 뒤에 갈라진 금을 보고 신의 뜻을 가늠했다. 그리고 귀복龜卜의 내용은 복사卜辭로 남겼다. 지금까지의 연구에 의하면 이러한 갑골문 사료에 나타나는 '천'은 극소수에 불과하고, 게다가 인명이나 지명이나 '크다[大]'라는 의미에 한정되어 있다고 한다. 이것은 은나라 사람들 사이에서는 이 관념이 아직 제사의 대상이 되어 있지는 않았다는 것을 의미할 것이다. 일찍이 히라오카 다케오平岡武夫(1907~1995)가 "은나라에는 '천'이 없다"고 한 것은 이 점을 가리키고 있었다(《經書の世界》, 제3장 〈天下的世界觀〉, 全國書房, 1946).

이에 반해 여기서 말하는 금문 사료는 은주 시대에 만들어진 청

동기에 그 제작의 유래(관직 임명 등)를 주기鑄記한 문자 사료를 가리킨다. 선행 연구에 의하면 '천'은 주왕조의 창설기에 '천'의 신이라는 신성성神聖性을 띤 관념으로 나타난다고 한다. 예를 들어 시라카와 시즈카白川靜(1910~2006)의 소개에 의하면 주나라의 무왕武王이 은(상商)나라에 승리를 거두었을 때 행한 예禮를 기록한 '하준尊'에는 "무왕께서는 대읍大邑인 상에 승리를 거두고 나서 (제사를 거행하는) 마당에서 하늘을 향해 보고하셨다"라는 문장이 있다고 한다(《字統》, '天' 항목, 平凡社, 1984). 이 문장은 제사를 올리는 마당에서 '천'을 향해 전쟁의 승리를 보고했다는 뜻일 것이다. 또 널리 알려져 있는 예로는, 그 후의 성왕成王과 강왕康王 시대의 금문에 은나라에서 주나라로 왕조가 교체된 것을 '하늘이 갖고 있는 대명大命'을 주고받는 것에 의해 정당화하는 것이 상당히 많이 있다(大盂鼎이 그러한 예 중 하나이다. 島邦男, 《祭祀卜辭の研究》, 1953; 安倍健夫, 〈中國人の天下觀念〉, 《元代史の研究》, 創文社, 1972, 초출 1956; 白川靜, 《金文の世界—殷周社會史》, 平凡社, 1971 등을 참조).

이상에서 언급한 것과 거의 동일한 결론을 《서경》의 여러 편에 대한 검토를 통해서도 얻을 수 있다. 꾸워모류워郭沫若(1892~1978) 등의 연대 추정 작업에 의하면 수십 편 이상에 이르는 《서경》의 여러 편 가운데서 신뢰할 수 있는 주나라 초기의 동시대 사료로 여겨지는 것은 〈대고大誥〉 편과 〈강고康誥〉 편 등 오고五誥를 중심으로 하는 몇 가지에 지나지 않는다(周公과 성왕 시대). 그리고 '천'이 한편으로는 종교적인 의례의 대상으로서도, 다른 한편으로는 민의民意를 매개로 주나라에 의한 은나라의 타도를 정통화하는 '천명'의 주체로서도 이 여러 편에 명확한 모습을 나타내고 있다. 이렇게 보면 '천'은 주왕조의 사람들이 자신들의 왕권을 정당화하는 이념으로 강조한 것을 계기로 그때까지 없었던 중요성을 지니고 나타나게 되었다고 할 수 있다. 이와 관련해서 주나라는 원래 서방의 유목 민족 출신이었기 때문에 '천'은 중앙아시아 일대에 퍼져 있는 천공天空 신앙과 깊은 관련성을 갖고 있다고 지적하는 주장도 있다.

'제帝'와 '천'

그런데 '천'의 유의어로 '제'가 있다. 이것은 은대 갑골문 사료에도 종종 등장한다. 그리고 지금까지의 연구가 가르쳐 주는 바에 따르면 은나라 왕은 왕조의 조상신, 자신이 다스리는 여러 부족의 족신族神(강이나 높은 산 등을 포함한다), 귀복을 행하는 복인卜人 집단의 무선신巫先神, 천신天神(해와 달 등) 등 여러 신에게 제사를 지내며 다신교多神教를 신봉하고 있었다. 그러나 거기에는 자연히 서열이 있었고 '제'가 지상신至上神의 위치를 차지하고 있었다고 한다. 그리고 '제'는 강우나 가뭄을 초래해 작물을 좌우할 수 있는 힘을 지니고 있고, 또 반란 씨족을 토벌하거나 원정할 때에는 왕에 대한 조력을 기대할 수 있는 존재로 여겨지고 있었다(伊藤道治,

《中國古代王朝の形成》, 創文社, 1975; 赤塚忠, 《中國古代の宗教と文化》, 角川書店, 1977 등을 참조). 그렇다면 이러한 은나라의 지상신인 '제'는 주나라의 '천'과 어떤 관계에 있었을까?

학설은 크게 두 가지로 나뉘어져 있다. 하나는 최고의 지상성至上性이라는 측면에서 양자를 실질적으로 동일한 것으로 간주하는 견해이다. 그리고 일반적으로는 이것이 통용되고 있다고 할 수 있다. 학자들은 앞에서 언급한 금문이나 《서경》 중에서도 오래된 편들에 대한 검토를 통해 '천'과 '제'가 호환적으로 사용되고 있는 예를 들고 있다. 확실히 거기에서는 '황천상제皇天上帝'와 같은 한 세트가 된 표현도 발견된다. 그것이 이 견해가 옳다는 것을 뒷받침해 주고 있는 것 같다. 이에 반해 또 하나의 견해는 양자가 종종 호용互用되는 것을 인정하면서도 발생적으로는 본질적인 차이가 있었다고 생각한다. 즉, 언어의 기원에서 '제'는 왕의 조상신, 또는 그것과 계보적으로 이어지는 관계에 있는 반면에, '천'은 초씨족적超氏族的·보편적인 이념에 의해 성립했다는 것이다.

이 견해의 전형은 앞에서 소개한 히라오카의 그것이다. 그는 문자의 형태로 추측하며 '제'는 원래 장작[薪]을 태우며 행하는 어떤 종류의 제사였다고 보는 예위썬葉玉森의 설에 의거하면서, 선왕을 대상으로 그것을 행한 것이 '제'라고 생각한다. 그리고 다른 관련 어도 검토하면서 '제사 활동'을 의미했던 이 말이 이윽고 그 '활동'을 받아들이는 쪽으로 전화해 '선왕'과 '제'가 혼동되는 현상이 벌어졌다고 본다. 그리하여 '제'는 본질적으로 '조상의 제사'와 관련되어 있기 때문에 '천'과는 다르다고 한다(앞의 책, 216쪽). 이러한 그의 견해는 '제'를 조상신으로 해소시켜 버리는 면에서 문제가 있었다고 생각된다. 특히 그가 "은나라에는 선왕만 있고 천은 없다. 더구나 그 선왕은 일의적으로 후왕後王을 가호하는 존재이다. 모두 동일한 선왕에게 제사를 지내는 일정한 씨족은 항상 자신들의 선왕에 의해 행복과 보우保佑를 약속받고 있었다"(앞의 책, 222쪽)라고 말한 것은 명백히 사태를 너무 단순화시키고 있었다.

이러한 점에서 아카쓰카 기요시赤塚忠(1913~1983)는 가토 조켄加藤常賢(1894~1978)이 '제'는 거대한 목주木主(위패)의 형상을 본뜬 것이며 최고신의 상징이라고 본 설에 입각하면서 히라오카 설에 대한 유력한 반증을 제시하고 있다. 아카쓰카에 의하면, 어느 복사卜辭 사료에서는 외적의 침입이 '제'가 은나라에 내린 재앙이 아닐까 하고 점친 것이 있다고 한다(앞의 책, 489·533쪽 등). 이처럼 은나라에 재앙을 내릴 수 있는 '제'는 '일의적으로 후왕을 가호'하는 '선왕'이라고는 도저히 말할 수 없을 것이다.

그러나 다른 한편으로 '제'와 '천'의 공통성을 강조하는 전자의 견해는(아카쓰카의 학설도 포함해) 히라오카가 제기한 문제를 올바르게 받아들이고 있지 않은 것 같다. '제'가 은나라에도 재앙을 내린다는 점에서 은나라를 초월한 지상성을 지니고 있다 하더라도, 거기에서 곧바로 '제'와 '천'의 동일성이라는 결론을 도출해 낼 수는 없기 때문이다. 우리는 '제'와 '천' 그리고 히라오카가 말하는 의미에서의 '조상신' 등 세 가지를 구분해서 생각해 볼 필요가 있다.

천명의 기준

문제의 초점은 똑같이 화복을 내리는 것으로 여겨지는 '제'와 '천'이 은나라 사람들과 주나라 사람들에 의해 얼마나 객관적인 기준에 따라 행위하는 것으로 해석되고 있었는가 하는 데 있다. 복사卜辭 상의 '제'와 관련해서는(아카쓰카가 소개하는 예도 포함해) 그러한 기준에 따라 화복을 내린다고 생각되고 있었던 증거가 없다. 귀복이라는 주술적 수단을 통해 그 의사意思를 점쳤던 것도 그것이 기준 없는 자의적인 것이라는 이해가 은나라 사람들에게 있었기 때문일 것이다.

이에 대해 '천'이 극히 드물게 귀복의 대상으로 여겨지고 있는 경우도 있다(⟨大誥⟩ 편). 그러나 그 문맥을 보면 알 수 있듯이 그것은 반란의 토벌에 소극적인 사람들을 설득하기 위해 주공이 귀복의 결과를 이용하고 있는 것으로, 은나라 사람들이 '제'의 의지를 점치는 것과는 뉘앙스가 다르다. 그리고 전체적으로 볼 때 '천'은 일정하면서도 명확한 기준에 따라 천명을 내리는 것으로 여겨지고 있었다고 할 수 있다. 즉 '안민安民'이라는 정치적 업적의 달성과 그에 필요한 왕이나 왕조 쪽의 자질 보유이다.

예를 들어 주나라 소공召公은 "아! 황천상제가 그 천자와 이 대국인 은나라의 명命을 바꾸셨으니 왕께서 천명을 받은 것"이라고 말하며[4] '천'의 신이 그 태자인 은나라 왕의 명을 바꿔 주나라 왕에게 주었다고 한다. 그것은 은왕 주紂의 학정에 시달리던 백성들이 '천'에 호소해 "천도 또한 사방의 백성들을 불쌍히 여겨 …… 힘쓸 것을 명하고 이를 쓴"[5] 결과로 여겨지고 있다. 즉 '천'은 주왕이 정치에 열심히 힘쓰고 있는 것을 보고 있다가 새로운 왕으로 임명했다는 것이다. 또 〈다사多士〉 편에는 주나라의 성왕이 은나라의 완민頑民(명령을 따르지 않는 완고한 백성)에게 고한 것으로, 은나라의 조상인 탕왕湯王에 관한 다음과 같은 이야기가 실려 있다. "내가 듣기로 상제는 편안함이 오래 지속되도록 한다고 했는데 하나라(은나라 이전의 왕조)는 편안함에 이르지 못했다'라는 말을 들은 적이 있다."[6] 그래서 '제'가 하나라 왕인 걸桀에게 경고했지만 무시당했기 때문에 "큰 명을 폐하고 벌을 내렸다. 이에 그대들의 조상인 성탕成湯에게 명해 하나라를 바꾸게 했다"고 한다.[7] 즉 "상천上天의 마음은 백성들이 언제까지고 안락하게 지내도록 하는" 것인데, 하나라의 걸왕이 그것을 어겼기 때문에, '천'이 은나라의 탕왕에게 그의 명을 바꾸게 했다는 것이다. 물론 여기에는 같은 이유에서 지금 '천'이 주나라로 하여금 은나라의 명을 바꾸게 했다는 함의가 있다.

정신 혁명으로서의 '천'의 성립

이처럼《서경》중에서도 신뢰할 수 있는 주나라 초기의 기록으로 여겨지는 사료에서 하→은→주 삼대의 지배 왕조의 교체가 '안민安民'을 기준으로 한 '천명'의 이행에 의해 설명되고 있는 것이 중요하다. 그것은 은나라 사람들의 '제'에 비해 주나라 사람들의 '천'이 좀 더 합리화된 관념이라는 것을 보여 주고 있다(《서경》여러 편의 훈독이나 해석은 대체로《吉川幸次郎全集》제8~10권, [筑摩書房, 1970~1974]에 수록되어 있는《尙書正義》를 따랐다. 이하 같음). 이러한 점에서 은주 혁명은 단순히 지배 왕조의 교체라는 의미에서의 정치 혁명에 그치지 않고 어떤 정신 혁명적인 의미를 갖고 있었다고 할 수 있을 것이다. 즉 거기에서는 신의神意를 귀복 등의 주술에 의해 아는 주술적인 단계에서 신의의 구체적인 내용으로 어떤 객관적인 규범을 상정하는 합리적인 종교 단계로의 비약이 보인다. 전자의 경우에는 인간은 신의 자의적인 의사에 좌우되며 그때그때의 상황에 따라 대응할 것을 강요받는다. 여기에서는 인간의 자율성이 약화된다. 후자의 경우에는 '천'이 정한 기준이 무엇인지 명확하다. 그것을 지키는지의 여부는 인간 쪽의 자기 책임이 된다. 그리고 주술이나 제의祭儀에 의해 신에게 가호를 구하는 것이 아니라 '안민'이라는 업적의 달성과 그에 필요한 자질을 보유하는 것이 문제가 된다.

'천'의 다의성과 천·인 관계의 다양성

그런데 이처럼 역사에 등장한 '천'은 상당히 다의적이고 다면적인 성격을 지닌 관념으로 전개되어 갔다. 이 점과 관련해서는 이미 사상사적 입장에서 펑여우란馮友蘭(1895~1990)을 비롯한 몇몇 학자들의 어의 분류가 행해지고 있다(馮友蘭,《中國哲學史新編》제1책 [수정본], 人民出版社, 1962, 75쪽, 초출 1934). 여기서는 가나야 오사무金谷治나 미우라 구니오三浦國雄 등 현대 학자들의 분류를 소개하기로 하겠다. 그들은 '천'에 대해 인격신, 자연의 이법理法, 외적(물리적)인 '천'이라는 분류를 시도하고 있다(金谷治,〈中國古代における神觀念としての天〉,《神觀念の比較文化論的研究》, 東北大學 日本文化研究所 편, 講談社, 1981; 三浦國雄,〈中國人の天と宇宙〉,《中國人のトポス》, 平凡社, 1988). 실제로 '천'과 관련된 말을 살펴보면 '천명'은 그것을 내리는 인격신적인 주체를 예상하고 있고 '제'와 동의어적으로 사용되고 있는 것도 그것을 증명해 줄 것이다. 그에 반해 '천'이 개별 왕조에 대해 갖고 있던 규범성은 도덕 의식이 고조되고 천문 관찰이 발달하자 그 영향을 받으면서 자연의 이법이라는 의식이 형성되어 갔다. '천도'라는 말이 성립된 것이 그것을 상징하고 있다(《서경》에서는 위고문僞古文으로 불리는 여러 편들에서 많이 보인다). 그리고《시경詩經》에서는 '창창蒼蒼한 천', 즉 푸른 하늘이라는 표현이 보인다. 그곳은 조상신이나 '제'가 있는 장소로 생각되고 있었고, 또 가뭄 등의 경우에는 사람들의 원망의 대상이 되기도 했다. '천'이 일월

성신日月星辰 등 천체가 매달려 있는 곳으로 생각되고 있었다는 것은 두말할 나위도 없다. 이렇게 보면 가나야 등의 설은 모두 '천'이라는 개념을 이해하는 데 유익하다고 할 수 있다. 그리고 후세에 서양 사상과의 교류 속에서 '천'이 기독교의 'God'의 번역어나 신이 소재하는 'Heaven'의 번역어로 사용되게 된 것도 이러한 다의성을 생각하면 잘 이해가 될 것이다.

그런데 이상의 다의성은 '천'이라는 말에 의해 지시된 대상 쪽에서 어떤 것이 보이고 있느냐 하는 그 차이와 관계가 있다. 이에 대해 ① '천'이 어떻게 인간과 관계를 맺고 있는가, 즉 '천'과 인간이 '천명'이라는 형태로 직접적으로 교류하고 있는가, 그렇지 않으면 자연의 질서나 변화, 혹은 인위적인 제도를 매개로 하여 간접적으로 관계하고 있는가. 또 ② '천명'이라고 할 경우 그것은 주로 인간 생활의 어떤 분야와 관계하고 있는가. 이런 점들에 주목하면 거기에도 다양한 의미의 분기分岐가 있다는 것을 알 수 있다. 예를 들어 ②의 경우에는 같은 '천명'이라 하더라도 정치적 정통성의 근거인지, 도덕적 규범의 근거인지, 또는 개인에 대한 운명의 부여인지 등에 대응해 그 의미에 커다란 차이가 생기게 된다. 그리고 '천'이 부여한 사명이라는 측면도 '천직'이라는 관념과 결합해 중요한 의미를 지니고 있었다.

역사적으로 볼 때 이러한 두 가지 측면(대상 쪽의 다의성과 천·인 관계의 다양성)이 서로 복잡하게 얽히고 교차하는 속에서 '천'이 다방면에 걸친 의미 연관을 갖게 되었다고 할 수 있다. 또한 거기에는 배후의 정치 상황, 천문학이나 의학 등 관련 학문과의 교류, 도교·불교 등 다른 사상 학파와의 접촉과 같은, 말하자면 '외적인' 요인도 복잡하게 작용했다. 그리고 그러한 요인에 대한 다방면에 걸친 지식 없이는 실은 '천'과 같은 거대한 관념을 다루는 것은 불가능하다. 그러나 전문 분화가 이루어진 오늘날의 학문 상황에서는 그러한 포괄적인 지식을 한 사람의 연구자가 갖기는 상당히 어렵다. 게다가 이러한 작업을 진행시켜 나가기 위해서는 중국 고대의 제 문헌에 대한 엄밀한 사료 비판이 필요하지만 일본 정치사상사를 전공하는 필자에게는 그것을 커버할 수 있는 충분한 시간적인 여유가 없다. 그래서 이 책에서는 이러한 점과 관련해 중국 사상사의 전문 연구에 많은 신세를 지면서 위에서 말한 ①과 ②를 중심으로 여러 가지 사항들을 이론적으로 분석하는 데 중점을 두고자 한다. 문제에 대한 그러한 접근이 앞에서 언급한 근현대 일본이 지니고 있는 사상적 과제를 해명하는 데 기여하는 바가 있으리라 생각하기 때문이다. 다음에서는 편의상 먼저 '천명'의 다양한 모습을 살펴보는 것에서부터 시작하겠다.

천天

천명의
다양한 모습

天

정치적 '천명'

천민天民 일체

앞 장에서 살펴보았듯이 '천'은 은나라를 타도한 주나라가 자신의 권력을 정통화하는 이념으로 강조한 것이었다. 중요한 것은 그것이 '안민'을 기준으로 삼고 있었던 것에서 알 수 있듯이 개별 왕조의 흥망을 관통하며 계속 존속하는 '백성'의 발견과 대응하고 있었다는 점이다. 확실히 히라오카 다케오나 오지마 스케마小島祐馬, 니시 준조西順藏 등이 말하듯이 '천'은 '백성'을 구체적인 내용으로 갖고 있었다고 할 수 있을 것이다. '천'과 백성의 일체성을 강조하는 말, 예를 들어 "하늘이 보는 것은 나의 백성이 보는 것을 통해서 보고, 하늘이 듣는 것은 나의 백성이 듣는 것을 통해서 듣는다"《孟子》〈萬章上〉편에서 인용하는《書經》의 말)[8], "백성이 하고자 하는 바는 하늘이 반드시 그것을 따라 이루어지도록 한다"[9] 등이 이러한 배경에서 나타난다. 이러한 기준에 비추어 '천'은 구 왕조를 버리고 신 왕조에 '천명'을 부여했다는 것이다(平岡武夫, 앞의 책,

229쪽 이하; 小島祐馬, 《中國の革命思想》 제1장, 筑摩書房, 1969, 초출 1950; 西順藏, 〈天下·國·家の思想〉, 《中國思想論集》, 筑摩書房, 1969, 초출 1953 등을 참조).

역성 혁명

그런데 이와 같은 객관적 판단 기준을 갖고 있는 '천'은 만약 주나라가 '천'의 하명下命에 필요한 '안민'을 실현하지 못한다면 은나라를 버렸듯이 주나라도 버릴 것이다. "하늘은 특정한 자에게 친근히 대하지 않는다. 신중히 하는 자에게만 친근히 대한다"고 하거나,[10] "천명은 일정하지 않다"[11]고 한 것 등은 이러한 이유에서이다. 여기에서는 주나라 사람들의 엄격한 자율적 태도가 보인다. 하나라나 은나라라는 타자뿐만 아니라 자기 자신까지도 동일한 기준에 따라 심판하고 있기 때문이다. 그러나 이러한 사고방식으로 나아가면, 자격을 갖춘 이에 의한 현 왕조에의 도전과 왕조 교대의 가능성이 잠재적으로 항상 존재하게 될 것이다. 이후의 중국사를 관통하는 '역성 혁명'의 관념이 여기에서 성립했다.

'혁명'이라는 말은 육경六經 가운데서 시서詩書에 비해 훨씬 뒤늦게 성립된 《역경易經》에서 유래한다는 것이 정설이다. 즉, 그 '혁革'이라는 괘卦의 '단전彖傳'에 "하늘과 땅이 변화를 일으켜 사시가 된다. 탕왕과 무왕이 천명을 바꾼 것은 하늘을 따르고 사람의 마음에 응한 것이다. 혁의 때는 위대하구나!"[12]라고 하는 것이 전거典據이다. 다만 여기서는 '사시'라는 춘하추동의 변화에 비추어

'탕왕과 무왕의 혁명'을 말하고 있듯이 혁명을 비상사태라기보다는 신진대사라는 자연의 이법의 발현으로 해석하고 있다. 거기에는 오지마가 말하듯이 자연 질서와 사회 질서를 대응시켜 가며 생각하는 견해가 있다고 할 수 있다(앞의 책, 23쪽). 이른바 천인상관天人相關의 한 유형이다.

선양과 방벌

천인상관에 관해서는 뒷장에서 살펴보기로 하고, 고대 중국의 유가儒家 중에서 천명에 의한 왕조 교체를 강력하게 주장한 것은 전국戰國 시대 중기의 맹자孟子(기원전 372~289년경)이다. 거기에는 '선양'과 '방벌' 두 종류가 있다. 전자는 말하자면 평화적으로 정권을 넘겨 주는 것으로 전설상의 성왕聖王인 당뇨唐堯 → 우순虞舜 → 하우夏禹 삼자 사이에서 이루어졌다고 여겨지고 있다. 《맹자》에 인용되어 있는 공자(기원전 551 또는 552~479)의 말 중에 "당과 우가 (현자에게) 양위하고 하후와 은, 주가 (자손에게) 물려준 것은 (천명에 의한 것이라는 점에서) 그 도리가 한 가지이다"[13]는 것이 손쉬운 예일 것이다. 즉 당·우 두 왕조의 요와 순 모두 자신의 아들이 아니라 신하 가운데에서 덕이 있는 자에게 지위를 양보했다. 그래서 왕조가 교체되기에 이른 것이다.

이에 대해 맹자는 실은 요가 순에게 천하를 넘겨 준 것이 아니라고 한다. "천자도 천하를 남에게 주지는 못한다. ……요가 순을 하늘에 추천하자 하늘이 그를 받아들였고, 그를 백성들 앞에 내보였

더니 백성들도 그를 받아들였다."[14] 그런 의미에서 '천'이 순에게 천하를 준 것이라고 강조하고 있다. 그러나 이 '천'은 반드시 인격적인 것은 아니었다. 맹자에 의하면 이러한 '선양'을 위해서는 양위 받는 자가 덕이 있다는 것 외에, 섭정의 기간이 길고 그 은혜를 받은 민심이 그 전 제왕의 세자에게는 향하지 않았다는 것 등의 조건이 필요했다. 그것은 개인의 힘을 넘어선 우연의 집적이나 운명이라는 의미에서 '천'이라 일컬어졌던 것이다.

그런데 나중에 《예기禮記》〈예운禮運〉 편은 이 두 제왕의 시대에 관해 정권을 세습하지 않고 사유하지 않았던 세상으로 높이 평가하면서 "대도大道가 행해지던 시대에는 천하를 공공의 것으로 보았다"[15]고 말하고 있다. 그것은 말하자면 최고의 통치이며 왕권을 세습한 우禹 이하의 '소강小康 세상'('천하를 집으로 삼는' 세상이며 차선책에 해당한다)과 엄격히 구별되는 것이었다. 그리고 이런 '대동의 세상'에서는 일반 인민들도 가족 이기주의에 빠지지 않고 모두 공평하며, 몸을 기댈 곳이 없는 노인들은 중히 여겨지고, 범죄도 완전히 사라져 밤에 문단속을 할 필요가 없었다고 한다. 여기에서는 차별애差別愛를 중시하는 유가와는 다른 묵가墨家의 겸애兼愛와 통하는 요소가 보인다. 그리고 이 '선양'이나 '대동'의 관념은 이윽고 19세기 중엽에 중국이나 일본의 유학자가 서양의 정체政體나 정치 이념을 이해할 때 하나의 비교 기준을 부여하게 되었다. 예를 들어 요코이 쇼난橫井小楠(1809~1869)은 미국의 대통령제에 대해 "세습적인 군신 관계를 폐지하고 유덕자에 의한 공평하고 평화로운 정치를 제도화하고 있다"고 하며 높이 평가하고 있고 《國是三論》, 캉여우웨이康有爲(1858~1927)는 유토피아 사회주의를 위와 같은 무차별주의적인 '대동'의 이념에서 평가하고 있다《大同書》.

이에 반해 '방벌'은 말하자면 폭력 혁명이며, '탕왕과 무왕의 혁명'이 그 전형적인 예다. 이와 관련해서는 맹자와 제齊나라 선왕宣王이 주고받은 유명한 문답이 있다. 즉 탕과 무가 각기 걸과 주를 방벌한 것이 사실인가 하고 맹자에게 물은 선왕은, "전해져 내려오는 기록에 그런 말이 있습니다"[16]라는 맹자의 대답을 듣자 신하인 탕과 무가 주군인 걸과 주를 시해한 것은 정당한 일인가 하고 다그쳤다. 맹자의 대답은 다음과 같았다. "인仁을 해치는 자를 흉포하다고 하고 의義를 해치는 자를 잔학하다고 합니다. 흉포하고 잔학한 인간은 한낱 사내놈일 뿐입니다. 한낱 사내놈이었던 주를 주살했다는 말은 들은 적이 있지만, 임금을 시해했다는 말은 지금까지 들은 적이 없습니다."[17] 즉 그 학정으로 민심을 잃은 왕은 이미 '한낱 사내놈'에 지나지 않는다. 그런 왕위에 어울리지 않는 자를 탕과 무가 방벌했기 때문에 그것은 반역이 아니라 정당한 혁명이라는 것이다.

맹자의 민본주의
여기서 묻고 있는 것은 '안민인정安民仁政'과 '군신지의君臣之義'라는 두 가지 가치가 대립할 경우 어느 쪽을 택해야 하는가 하는 문제이다. 맹자의 입장은 분명 전자 쪽이었다. "백성이 가장 귀하고, 사직이 그 다음이며, 군주가 가장 가볍다"[18]라는 말이 그것을 잘 보여 주고 있다. '사·직'은 토지와 곡물의 신으로 공동체의 영속성을 지탱하는 상징이다. 그러한 신들은 개개의 왕보다 더 중요하지만, 그 이상으로 '백성'이 귀하다는 것이다. 이것이 바로 이른바 맹자의 '민본주의'이다.

이러한 민본주의에 바탕을 두고 혁명을 정통화하는 '천'의 이념은 일본의 역사 속에서도 권력을 지향하거나 왕권에 저항하는 자들에 의해 종종 다른 것과 비교 대조되었다. 헤이안平安 시대 말기나 중세 초기, 센고쿠戰國 시대 등 중앙의 왕권이 동요되거나 권력의 분열 상황이 전개되던 시대의 일이다(예를 들어 다이라노 마사카도平將門나 죠큐承久의 난이 발생했을 때의 가마쿠라鎌倉 막부 등). 그러나 다른 한편으로 이것은 국학자國學者나 에도 막부 말기의 미토학자水戸學者가 유교를 공격의 대상으로 삼는 이유가 되기도 했다. 그들에 의하면 맹자의 논의는 왕권 찬탈자에게 적당한 구실을 제공해 줄 뿐, 만세일계의 천황이 통치하는 일본의 국체에는 절대로 어울리지 않는다고 한다(예컨대 후지타 도코藤田東湖[1806~1855]는 《弘道館記述義》 권상에서 당우 삼대의 도가 여러 가지 점에서 유익하다는 것을 인정하면서도, '선양'과 '방벌'이 두 가지는 결코 취해서는 안 된다고 강조하고 있다).

여기에는 왕권의 정통성의 근거를 둘러싼 유교와 일본의 기기記紀 신화[19] 이래의 사고방식의 차이가 잘 드러나 있다. 기기 신화에 의하면 아마테라스 오오카미天照大神는 다카마가하라高天原에서 내려오는 천손天孫에게 일본은 천양天壤(하늘과 땅)과 함께 끝이 없으며 자신의 자손이 통치해야 할 나라라는 신칙神勅을 내렸다. 그것에 의해 일본의 정통적인 통치자가 누구인지 정해져 있다는 것이다. 혈통에 정통성의 근거를 둔다는 점에서 이것이 '안민'이나 '유덕有德'과 연동하는 '천'과 다르다는 것은 두말할 나위도 없다. 그리고 이러한 차이가 중국의 천자와 일본의 천황의 차이와 관련이 있다('천황'이라는 말 자체는 중국 고대의 도교신인 '천황대제天皇大帝'에서 유래하는 것 같다. 福永光司・上田正昭・上山春平,《道教と古代の天皇制》, 德間書店, 1978; 福永光司,《道教と日本文化》, 人文書院, 1981년; 同,《道教思想史研究》, 岩波書店, 1987 등을 참조).

한편 맹자의 '민본주의'는 '민주주의democracy'를 의미하는 것은 아니었다. '혁명'의 주체가 인민 일반이 아니라 대개 구 왕조의 유력자였다는 점, 선거나 의회, 또는 시민 집회 등 민의를 반영시키는 각종 제도가 결여되어 있었다는 점 등으로 그것을 알 수 있다. 확실히 '안민'이나 '인민을 위해'는 부르짖어졌다. 그러나 '무엇이 인민을 위한 것인가'는 군주가 결정했고, 인민의 자치自治라는 관념이 없었다. 천명을 받은 군주가 동시에 백성의 '스승'이나 '부모'로 여겨지고 도덕적인 교화의 주체로 생각된 것은 이 점과 관계가 있었다. 그리하여 이른바 가부장적인 온정주의가 민본주의와 한 쌍을 이루고 있었다는 것이 중요하다.

왕토왕민王土王民 사상

이상에서는 '천'이 혁명을 정통화하는 근거가 된 측면을 살펴보았다. 그러나 다른 한편으로 그것은 왕권에 권력을 집중화하는 역할도 수행했다. '왕토왕민王土王民 사상'이라 불리는 것이 바로 그것이다. 이 점과 관련해 잘 알려져 있는 것은 공자의 말로 여겨지는 "하늘에는 두 개의 태양이 있을 수 없고 땅에 두 명의 왕이 있을 수 없다"라는 말과, 《시경》〈소아小雅〉, 〈북산北山〉 편의 "온 하늘 아래에 왕의 영토가 아닌 곳이 없고 온 나라의 지경 안에 왕의 신하가 아닌 자가 없다"라는 말이다.[20] 《맹자》에서 이 말들은 순이 요의 생전에 천자의 자리에 올랐는가(요가 신하가 되었는가), 또 순의 부친이 신하로서 순을 섬겼는가 하는 문제와 관련해 나타난다. 군신 간의 입장이 역전되는 것, 부친의 권위와 군주의 권위가 충돌하는 것이 직접적인 문제였다. 그러나 후세에 이러한 말이 인용된 것은 주로 왕권이 중간 권력보다 우월하다는 것을 강조하기 위해서였다.

예를 들어 일본 역사에서는 쇼토쿠聖德 태자(574~622)의 〈17조 헌법〉의 제12조가 유명하다. 거기에서는 "나라에는 두 임금이 없고, 백성에게는 두 주인이 없으며, 온 천하의 모든 백성들은 왕을 주인으로 삼는다", "임무를 맡은 관리는 모두 왕의 신하이다"라고 한다.[21] 문맥상 그 목적은 중앙 왕권의 권위를 확립하는 데 있었다. 고쿠시國司와 같이 중앙에서 파견하는 관리나 구니노미야쓰코 國造와 같은 토착 호족이 각 지방의 기미君(군주)로 군림하는 것을

부정했던 것이다. 또 《일본서기》 다이카大化 2년조에 인용된 황태
자 주언奏言에서는 일찍이 여러 신하나 황친皇親에게 나누어 준 백
성이나 토지와 관련해 위의 공자의 말을 인용하면서, "그러므로
천하를 겸병해 만민을 부릴 수 있는 것은 오직 천황뿐이다"[22]라고
강조하고 있다. 이처럼 정치적인 면에서 볼 때 '천'은 중앙 왕권의
정통화의 근거로도, 반대로 혁명의 이념으로도 기능했다(고대 일본
에서 유교의 정치적 천명관天命觀이 미친 영향을 중시하는 최근의 연구
로는 王家驊, 〈古代日本の儒學〉[源了圓·嚴紹璗 공편, 《日中文化交流史叢書 3
思想》, 大修館書店, 1995]이 있다. 이에 반해 헤이안조平安朝 초기의 짧
은 기간을 제외하고는 천명관은 실질적으로는 중요하지 않았다고
보는 견해도 있다(關晃, 〈律令國家と天命思想〉, [앞에서 언급한 《神觀念の
比較文化論的硏究》] 참조).

'천'과 운명

운명을 부여하는 존재로서의 '천'

앞 장에서 살펴보았듯이 '천'은 '유덕'과 '안민'이라는 기준에
따라 왕이나 왕조에 천명을 내린다고 여겨지고 있었다. 이러한 관
계를 일반화하면 '천'은 바람직한 자질을 갖고 있는 사람에게는
복을, 그 반대인 사람에게는 재앙을 내린다는 견해가 나올 것이
다. 여기에서 정치적 '천명'관에 머무르지 않는 운명관이 성립하

게 된다.

이런 점에서 《서경》〈소고〉 편이 흥미롭다. 그것은 새로운 수도
로 옮겨가 성인成人으로서 새로운 왕권을 행사하려고 하는 성왕成
王에게 태보太保(천자의 덕을 지키는 것을 직무로 하는 관리)인 소공召
公이 준 조언이다. 거기에서는 "지금 하늘은 밝은 지혜를 명하셨
고 길흉을 명하셨으며 (천명이) 오랫동안 지속될 것을 명하셨습니
다. 하늘은 지금 저희들의 왕께서 처음 천명을 받아 새로운 도읍
에 계신 것을 알고 있습니다. 이에 왕께서는 서둘러 덕을 신중히
하옵소서. 왕께서는 덕으로 하늘이 내린 영원한 명을 비옵소서"[23]
라고 기록되어 있다. 즉 지혜로움과 어리석음, 길과 흉, 수명의 길
고 짧음을 '천'이 명한다. 그리고 성인이라는 획기에 해당하는 시
기에 '천'이 운명을 내리려고 성왕을 보고 있다. 그러므로 서둘러
'경덕敬德'(덕을 공경하는 일)을 행하라, 그러면 '천'의 영원한 명을
얻을 수 있을 것이라고 한다.

이 한 구절은 구체적으로는 성왕에 관한 것이다. 그러나 일반론
으로서는 '천'은 지혜로움과 어리석음 이하의 세 가지 명을 사람
에게 내리고, 더욱이 '경덕'이라는 인간의 노력이나 태도 여하에
따라 그 운명이 바뀐다고 여겨지고 있었다고 할 수 있다. 사실 〈다
사〉 편이나 〈다방多方〉 편에서 성왕은 은나라의 유민이나 제후들
에게, 만약 너희가 '덕'을 신중히 한다면 '천'은 "너희들에게 편들
고 불쌍히 여길 것이다"[24]라고 말하고 있다. 이미 주나라 초기의
시점에서 '천명'이 왕뿐만 아니라 적어도 지배층에게도 내려지는

것으로 여겨지고 있었다는 것을 알 수 있다.

그런데 위에서 소개한 주나라 초기의 여러 편들에서는 '천명' 과 '덕' 이 순접적順接的으로 연동하는 것으로 생각되고 있었다. 덕이 있는 사람에게는 행운이 '천' 에 의해 베풀어진다는 것이다. 여기에는 예정조화豫定調和적인 생각이 있다. 그에 반해《시경》에서는 죄 없는 자신이 왜 이런 불행에 빠져야 하는가라고 한탄하면서 천을 원망하는 시가 보인다. 예를 들어 타향에서 사랑을 잃은 여인이 슬픔을 노래한 것이라는〈소아小雅〉,〈소반小弁〉편에서는 "나만 홀로 근심에 싸여 있네. 하늘에 무슨 죄가 있는가. ……하늘은 나를 낳으매 어찌하여 하필이면 이때 낳게 했는가"[25]라고 한다(加納喜光의 해석에 의한다[26]). 여기서는 '천명' 과 '덕' 의 관계가 단절되어 있다. 게다가 주나라 초기의 여러 편에서 아직 보이던 정치적 함의가 사라지고 개인의 사적인 운명과의 관계에서 '천' 이 비교 대조되고 있다. 그것이 이윽고 공자 문하의 '천' 관으로 이어졌다고 할 수 있다.

예를 들어《논어》에는 자하子夏가 들은 격언으로 "삶과 죽음은 운명에 달려 있고, 부귀는 하늘에 달려 있다"[27]는 유명한 말이 기록되어 있다. 또 공자는 고치기 힘든 병을 앓고 있는 학식과 품행이 뛰어난 제자 백우伯牛를 병문안 갔을 때 "운명이구나! 이 사람이 이런 병에 걸리다니!"[28] 하고 탄식하고 있다. 그것은 개인으로서는 어쩔 수 없는 운명(그것도 비극적인)이라는 의미를 강하게 띠고 있다. 게다가 당사자의 높은 도덕성에 반하는 명命이라는 점에서 주나라 초기의 '천명'과는 달랐다. 그리고 《논어》에서 중요한 것은 이와 같이 당사자의 도덕성과 연동하지 않는 '천명' 관이 나타나는 한편, "하늘이 나에게 덕을 주었다"[29]고 주장하거나, "하늘을 원망하지 않고, 남을 탓하지 않으며 ······나를 알아 주는 것은 하늘일 것이구나"[30]라고 하는 점이다. 우리는 여기서 고조된 도덕적 자각을 발견할 수 있을 것이다. 여기에는 자신에게 주어진 '명'(운명)이 어떻든 그와 상관없이 사람으로서의 '길[道]'(하늘이 부여한 덕)을 추구하려는 자세가 나타나 있다. 그리고 이것은 '천'이 '외적인 운명의 부여자'라는 측면과 '내적인 도덕성의 근거'라는 측면, 이 양자로 분열되었다는 것을 보여 주고 있다(후자의 측면은 다음 절에서 다룬다. 또한 《논어》에서의 이런 '명'의 분열에 대해 언급한 것으로 阮元의 《性命古訓》이나 劉寶楠의 《論語正義》〈爲政〉편·〈堯曰〉편이 있다. 內山俊彦, 《中國古代思想史における自然認識》, 創文社, 1987, 27쪽 참조). 근세 일본의 이토 진사이[伊藤仁齋(1627~1705)]의 유학은 이러한 분열을 전제로 하면서 인간의 도덕적 자율을 추구한 시도로 평가할 수 있다.

덕과 명의 연동

그런데 이러한 《논어》의 운명관에도 불구하고 '덕'과 연동되는 '천명'이라는 견해가 그 후에 사라져 버린 것은 아니다. 오히려 유교사 전체를 살펴볼 때 후자 쪽이 유력했다고 할 수 있다. 예컨대 "천도는 착한 사람에게는 복을 주고 음탕한 사람에게는 화를 내린다"[31], "대개 상제는 일정하지 않으시어, 착한 일을 하면 백 가지 복을 내리고 착하지 않은 일을 하면 백 가지 재앙을 내린다"[32] 등은 모두 위고문僞古文《서경》에 있는 말인데, 성인聖人의 말로서의 권위를 갖고 후세에 자주 인용되고 있다. 그리고 이런 '착한 사람에게는 복을 주고 음탕한 사람에게는 화를 내리는' 관계는 자연의 이법으로도 보이고, 인격신인 '천'이 일정한 계율taboo을 정하고 그것을 사람들이 지키거나 어겼을 때 내리는 상벌로도 보였다.

예를 들어 "선을 쌓은 집안은 반드시 경사가 넘치고 불선을 쌓은 집안은 반드시 재앙이 넘칠 것이다"[33] 등은 전자에 해당하지만 권선징악을 말하더라도 여기서는 '천'의 관념이 배경으로 물러나 있다. 그에 반해 후자의 측면이 강하게 나타나 있는 것은《서경》〈홍범洪範〉편이다. 거기서는 '천'이 '우禹'에게 주었다는 '구주九疇'에 대해 설명하면서 "아홉째는 (천이) 다섯 가지 누려야 하는 복으로써 권장하고 여섯 가지 피해야 할 것으로써 위협하는 것"[34]이라고 말하고 있다.

'다섯 가지 누려야 할 복'이란 '수壽'(장수하는 것), '부富'(부유해지는 것), '강녕康寧'(병 없이 사는 것), '유호덕攸好德'(선천적으로 선행을 좋아하는 것), '고종명考終命'(천명을 다 살고 죽는 것)을 가리키고, '여섯 가지 피해야 할 것'이란 '흉단절凶短折'(흉한 일을 당해 죽는 것), '질疾'(병에 걸리는 것), '우憂'(걱정이 생기는 것), '빈貧'(가난하게 사는 것), '악惡'(용모가 추해지는 것), '약弱'(의지가 약한 것)을 가리킨다. 즉 '천'은 인간의 행위를 감시하며 선에 대해서는 '다섯 가지

복'을 주어 장려하고 악에 대해서는 '여섯 가지 피해야 할 것'을 내려 혼내 준다는 것이다. 여기서는 종교적인 외포畏怖의 감정에 호소하는 자세가 강하게 느껴진다. 그리고 이 두 견해 중 후자에 중점을 두고 사상을 발전시켜 나간 것이 묵가墨家였다.

묵가의 계율관

주지하듯이 《묵자墨子》는 제작 연대의 비정比定(다른 유사한 것과 비교해 추정함)이나 내용의 분류 등의 측면에서 여러 가지 문제가 있기 때문에 다루기 힘든 사료이다(渡邊卓, 《古代中國思想の硏究》, 創文 社, 1973 참조). 그러나 〈상동尙同〉이나 〈천지天志〉 등 주요 편들이 《서경》에 보이는 인격신과 그 계율이라는 관념을 계승하고 있는 것은 확실할 것이다. 그런 의미에서 묵가는 유가와 경전經典을 공 유하는 일면을 지니고 있었다. 다만 공자 이후의 유가와 묵가 사 이에는 전자는 '천'의 비인격화와 차별애를 강조하는 데 반해, 후 자는 인격신의 관념을 강화하고 박애주의적인 계율을 주장했다는 차이가 있었다.

예를 들어 〈법의法儀〉 편은 천하와 대국을 다스리는 통치 기준을 사사로움이 없는 '천'에서 찾았는데, 그 속에서 "하늘은 반드시 사람들이 서로 사랑하고 서로 이롭게 하는 것을 원하며, 사람들이 서로 미워하며 시기하고 서로 해치는 것을 원하지 않는다"[35]고 주 장하고 있다. 즉 '겸애兼愛'야말로 '천'이 인간에게 요구하는 윤리 라는 것이다. 그리고 그 증거로 이 편의 저자는 "천하의 크고 작은 모든 나라는 하늘의 마을이다. 사람은 나이의 고하나 신분의 귀천을 막론하고 모두 하늘의 신하이다." 사람은 누구든 제물을 바치며 "하늘을 섬기며 공경하지 않는 자가 없다"[36]는 점을 들고 있다. 인민이 이와 같이 '천'을 섬기는 것도 '천'이 인민을 공평하게 양육하고 있기 때문이며, 이것은 '천'이 사람들이 서로 사랑하고 서로 이롭게 하기를 원하고 있음을 나타낸다는 것이다. 그리하여 이 편의 저자는 또 "하늘은 남을 사랑하고 이롭게 하는 사람에게는 반드시 복을 내리고, 사람을 미워하고 남을 해치는 자에게는 반드시 재앙을 내린다"[37]는 점을 강조하고 있다.

이러한 '겸애'설에 대해 맹자는 차별애의 입장에서 그것은 '임금도 아비도 없는(업신여기는)[無君無父]' 가르침이라고 맹렬히 비판했다. 앞에서 언급했듯이 《서경》에는 '천·민 일체'의 관념이 있고, '안민'은 왕의 당연한 직책으로 여겨지고 있었다. 공자는 이것을 계승해 '인仁'의 이념을 주장했다고 생각된다. 《논어》〈옹야雍也〉 편에서는 "널리 백성들에게 베풀어 많은 사람을 구제하는"[38] 것은 요순의 경우에도 어려운 일이었다고 한다. 이에 한정한다면 박애주의적인 경향이 공자에게도 있었다고 할 수 있다. 그러나 《서경》이나 《논어》에는 이와 함께 '효'라는 가족 윤리가 강조되고 있었다. 그것은 '천'이 사람에게 준 '불변의 도리[彝]'로 간주되었다(뒤에 기술하는 것 참조). 그리하여 유가에는 '인'이라는 보다 보편주의적인 가치와 '효'라는 특수주의적인 가치가 병존하고 있었다. 맹자가 묵가의 '겸애'를 부정한 것도 이러한 사정에 바탕을 두고 있었던 면이 있을 것이다. 이와 동시에 주목하고 싶은 것은 유가에서는 비인격화되고 있었던 '천'이 묵가에서는 오래된 종교성을 남기고 있었다는 점이다. 그리고 이러한 '천'의 상벌과 응보라는 공리적 관심에 호소하며 사람들을 도덕화하려는 방향은 묵가가 학파로서 전국 말기에 소멸되어 버린 뒤에도 통속적인 도덕으로 계속 살아남았다. 민간 도교의 흐름이 그것을 주로 담당했다. 그리고 〈음즐문陰騭文〉, 〈공과격功過格〉 등 명대明代에 이르러 유포되는 '선서善書'(인과응보의 도리에 입각해 선을 권장하는 책)의 사상이 불교와 혼합되면서 계보적으로는 이것으로 이어지는 것으로 보아도 좋을 것이다(酒井忠夫, 《中國善書の研究》, 弘文堂, 1960 참조).

근세 일본의 경우

한편 '천도는 착한 사람에게는 복을 주고 음탕한 사람에게는 화를 내린다'는 사상은 근세 일본에서도 가나조시假名草子 등을 통해 일반에게 퍼져 갔다. 《명심보감》 등의 선서가 이때 대본臺本으로 종종 이용되었던 것으로 알려져 있다. 그것은 중세 이래의 불교의 인과응보관 등과 혼합되면서 권선징악의 관념을 인민에게 철저히 가르치며 그들을 질서화하는 데 큰 효과를 발휘했다. 지카마쓰近松의 희곡에서 데다이手代가 빌고 있던 '천도天道'는 바로 이것이었을 것이다. 그리고 이것은 나카에 도주中江藤樹(1608~1648), 히로세 단소廣瀨淡窓(1782~1856), 오오타 긴조太田錦城(1765~1825) 등 일반적으로는 유학자로 알려져 있는 학자들에게도 강한 영향을 주었다. 예를 들어 나카에 도주의 저술에서는 종교적인 '천' 관념이 농후하고, 인격적인 '황상제皇上帝'가 끊임없이 자신을 감시하고 있다는 감각이 강하게 엿보인다. 특히 서민의 계몽용으로 저술된 《가가미구사鑑草》나 《하루카제春風》에는 개인의 선행이 하늘의 신을 움직여 미리 정해져 있던 '천명'을 바꾸게 한 것(그런 의미에서 운명을 개척할 수 있다는 조명설造命說)을 설명하는 설화가 실려 있다. 또 히로세 단소의 《만젠보萬善簿》는 병약한 그가 자신의 운명을 바꾸기 위해 선행에 힘쓴 기록으로 지금도 히타日田시에 있는 히로세자료관廣瀨資料館에 소장되어 있다. 《논어》의 '명'이 숙명적인 뉘앙스가 짙은 데 반해 이것들은 오히려 '조명'설의 경향이 강하다. 거기에는 유가의 숙명론을 〈비명非命〉편에서 비판한 묵가와 통하는 것이 있다고 할 수 있다. 그리고 오오타 긴조는 사람들에게 선을 쌓고 덕을 쌓을 것을 가르치는 '원료범袁了凡의 음즐지학陰騭之學'[39]을 '하늘과 땅 사이에 공로가 있는' 것으로 자주 인용하고 있다(《梧窓漫筆》. 또한 선서가 일본에 끼친 이런 영향에 대해 논급한 것으로 奧崎裕司, 《中國鄕紳地主の硏究》, 汲古書院, 1978 참조).

'천'과 도덕 윤리

하늘이 준 불변의 도리

위의 두 절에서는 '천명'의 정치적인 측면과 운명적인 측면을 살펴보았다. 그러나 고전에는 이것과 함께 '천'은 일정한 도덕적 기준을 백성에게 준다는 사상도 있었다. 예를 들어《서경》〈강고康誥〉편은 무왕의 동생인 강숙康叔이 위후衛侯에 봉해졌을 때 받은 훈계를 기록한 것인데, 거기에는 "하늘이 우리 백성들에게 불변의 도리를 주었지만, 백성들이 이를 망치며 어지럽히고 있다"[40]라는 구절이 있다. 즉 '천'이 지켜야 할 '불변의 도리'를 백성들에게 주었지만, 백성들이 오히려 그것을 어지럽히고 있다. 이러한 자들은 엄벌에 처하라는 것이다. 또한《시경》에는 "하늘이 만민을 낳으셨나니 만물에는 하늘의 법칙이 있나이다. 만민은 변하지 않는 성품을 지녔나니 이 아름다운 덕을 좋아하도다"[41]라는 유명한 문장이 있다. 《시경》제 편이 성립된 것은 대부분 서주西周 말기에서 춘추 초기로 여겨지고 있으므로 〈강고〉편보다 훨씬 후대의 사료가 된다. 그러나 이것도 또한 주나라 사람들이 '천'이 어떤 도덕적 기준을 백성들에게 주었다고 생각하고 있었다는 것을 보여 준다고 할 수 있다.

여기서 실은 '불변의 도리'가 무엇을 가리키는지 분명하지는 않다. 다만 〈강고〉편에서 문맥상 이 구절의 앞뒤에서는 부자와 형제 사이의 윤리(孝와 友)가 강조되고 있기 때문에, 이것을 생각하면 이 '불변의 도리'도 질서정연한 생활을 위해 '천'이 내린 가족 도덕으로 해석되고 있었다고 보아도 좋을 것이다. 그렇다면 이 '불변의 도리'는 '천'과의 관계에서 어떤 모습을 하고 있었을까. '천'이 인간에게 바깥으로부터 준 계율이라고 해석할 수도 있고, 인간의 마음에 내재해 있는 도덕적 본성(양심)이라고 해석할 수도 있다. 전자의 방향으로 해석하는 것은 앞에서 본 〈홍범〉 편이나 묵가의 견해와 일치한다. 거기서는 천자가 형벌을 내리는 것은 인격적인 '천'이 인간에게 휘두르는 형벌을 대행하는 것이 된다. 이에 반해 후자의 방향으로 해석하면 '천'은 마음에 내재화되어 가게 된다. 나중에 한대漢代의 유학자들이 취한 해석은 바로 이것이었다. 그에 따르면 '불변의 도리'는 '아버지는 의롭고 어머니는 자애로우며 형은 우애롭고 동생은 공손하며 자식은 효성스럽다'는 '오상五常의 성性'을 가리킨다고 한다. 이러한 해석, 특히 '오상의 성'이라는 표현에는 의문의 여지가 있다. 그것은 전국 말기 이래의 오행설五行說의 영향을 시사하기 때문이다. 그러나 가족 도덕을 중심으로 설명하는 해석 자체는 아마도 잘못되어 있지 않을 것이다.

《중용》첫 장의 성명설性命說

그런데 《중용》제1장에는 "하늘이 명한 것[天命]을 성이라고 한다. 성을 따르는 것을 도라고 한다. 도를 닦는 것을 가르침이라고 한다"[42]라는 유명한 명제가 있다. 여기서 '천명'은 분명히 인간의 마음에 내재화되어 있다. 사상사적으로 볼 때 이러한 내면화는 공자에서 '천'이 한쪽의 운명과 다른 한쪽의 도덕의 근거로 분열된 것을 이어받아 후자 쪽의 기반을 마련해 준 것이라고 할 수 있다(앞에서 언급한 내용 참조). 그리고 앞에서 살펴본, 한대의 유학자들이 '불변의 도리'를 '성'으로 설명하는 해석은 이 명제의 성립과

한 단어
사전

깊이 결부되어 있었다고 생각된다.

다만 《중용》을 둘러싸고 텍스트 비판의 시도가 일본과 중국을 불문하고 오래전부터 이루어져 왔고, 그러한 축적을 바탕으로 현재의 학계에서는 다음과 같은 설이 유력하다. 즉 위의 명제를 포함한 《중용》 제1장은 전한前漢 초기에 성립된 '신본중용新本中庸'의 일부이며 본래의 《중용》(잠정적으로 '原中庸'이라고 한다. 공자의 손자인 자사子思[기원전 5세기경]의 작품이라고 한다)에는 포함되어 있지 않으리라는 것이다(예를 들어 金谷治, 《秦漢思想史研究》, 日本學術振興會, 1960, 354쪽 이하 참조. 또 內山의 앞의 책 제6장도 같은 견해이다). 이와 동시에 확인해 두고 싶은 것은 이러한 '천명'의 내면화의 방향 자체는 전국 시대 이래 이미 존재했다는 점이다. 주지하듯이 맹자는 '측은지심惻隱之心'을 비롯한 사단四端의 마음(양심)의 내재성이라는 견해를 내세우며 성선설性善說을 주장했다. 그는 또 "그 성을 알면 하늘을 안다"[43]라고 주장하고 있다. 이것이 송대宋代의 정주학程朱學(정호程顥[1032~1085]·정이程頤[1033~1107]와 주희朱熹[주자朱子, 1130~1200] 학설의 총칭. 송대에 일어난 신유교 운동의 주요 부분을 이루고 있다)에서는 '천리天理' 관과 결합해 성리설性理說의 원류가 된다(이러한 관련에 대해서는 島田虔次, 《朱子學と陽明學》, 岩波新書, 1967 참조).

정주학程朱學의 이명理命·기명설氣命說

서술의 편의상 여기서 앞 절에서 살펴본 '운명' 관과 이 절의 도덕적 '천명' 관이 정주학에서는 어떻게 나타나고 있는지 살펴보고 싶다. 이미 공자에서 이러한 분열이 보인 것에 대해서는 여러 번 언급했는데, 위와 같이 본다면 실은 맹자에서도 같은 종류의 분열이 있었던 것을 알 수 있다. 즉 앞에서 말한 '천'의 비인격화와 여기서 언급한 '성'에 연동해 도덕의 근거가 되는 '천'이다. 그리고 개인적인 견해에 의하면 이 분열은 정주학에서 '기명', '이명'의 구별설을 낳는 요인이 되었다. 이 설에 의하면 '천'이 사람의 마음에 부여한 '이理'가 '인의예지신仁義禮智信'이라는 '오상의 성'이며, 그것은 '이명'으로서 도덕성의 근거를 이룬다. 이에 대해 각 개인의 빈부, 궁통窮通(빈궁과 영달), 득실得失(이익과 손실), 영욕榮辱(영예와 치욕), 현우賢愚(현명함과 어리석음), 수요壽夭(장수와 요절) 등의 처지나 재능, 기질의 차이는 사람이 '천'으로부터 받는 '기명'으로 설명된다. '이명'이 만인에게 평등한 데 반해 '기명'은 각자 타고난 것에 따라 다양하다. 또 시대 전체의 커다란 기운에 의해서도 규정된다고 한다(三浦國雄, 〈氣數と事勢─朱熹の歷史認識〉, 《東洋史研究》 42권 4호, 1987 참조). 이처럼 '명'에 두 가지 카테고리를 설정함으로써, 정주학파 사람들은 안연顔淵의 단명短命, 백우의 고질병, 공자의 불우 등 일반적으로는 납득하기 어려운 덕과 명의 비연동성을 설명하려고 했다. 일반적으로 '도통道統의 전수'(맹자 이후 일단 단절되어 버린 유학의 정통 교설을 부흥해 후세에 전하는 것)를 중히 여기는 그들이 '이명'과의 관계를 중시한 것은 물론이다. 그러나 이와 동시에 역사상의 불합리한 사건도 어쨌든 설명해야 하는 그들로서는 이 '기명'의 관념은 적절한 개념 장치가 되었다고 할 수 있다(이상 이명·기명설에 대해서는 陳北溪의 《性理字義》를 참조. 또한 나중에 荻生徂徠가 "나라의 명맥의 길고 짧음은 사람의 힘에 달려 있는 것"이라고 말하고, "천지가 늙었기 때문에 (성인이) 태어나지 않는다고 하는 것은 불학不學의 잘못이다"[44]라고 주장한 것은 이상과 같은 시대기운설氣運說에 대한 비판을 염두에 두고 있었기 때문일 것이다).

정교일치관政教一致觀

그런데 근세 일본에서 정주학이 수용된 이유 중 하나는 그것이 도덕 원리의 인간 내재성을 인정하고 백성을 포함한 인간 일반의 (만물에 대한) 존귀성을 강조한 데 있었다. 예를 들어 아사이 료이淺井了意(1612~1691)는 "사람은 천지 안에서 태어났고, 게다가 만물 중에서 가장 신령한 존재이다. 목화토금수木火土金水의 오행의 기를 완전히 갖추고 있으며, 나아가 천지의 리理를 받았다"고 말하고 있다(《浮世物語》). 그러나 이와 같이 도덕성의 인간 내재성을 인정하는 것은 곧 직접적으로 백성들의 도덕적 자율성을 인정하는 것을 의미하지는 않았다. 여기에는 맹자의 민본주의가 민주주의가 아니었던 것과 통하는 문제가 있다. 예를 들어 정이천程伊川(程頤)은 《논어》의 "백성은 따르게 할 수는 있지만 알게 할 수는 없다"[45]는 문장을 해석하며 성인이라 하더라도 집집마다 돌아다니며 일일이 가르치고 다닐 수는 없기 때문이라고 하고 있다(《論語集注》, 〈泰伯〉). 거기에는 성인(내지는 위정자)의 가르침을 받아야 비로소 깨어난다는 수동적인 인민상人民像이 있을 것이다. 따라서 군주는 단지 백성의 물질 생활의 측면에만 정치의 책임이 있는 것이 아니라 도덕적인 면에서도 지도해야 할 책임이 있는 것이다. "하늘이 백성을 내리셨을 때 임금을 세우고 스승을 세웠다"《孟子》,〈梁惠王下〉편에서 인용하는 《書經》,〈泰誓〉편의 말)는 말은 이러한 군주관에서 나온 것이다. 여기에서 정치는 도덕적인 교화이기도 해 거기에서 이른바 정교 일치의 이념이 나타나게 된다.

이미 《논어》에서는 "정치는 바로잡는 것이다", "군자의 덕은 바람이고 소인의 덕은 풀이다"[46] 등에서 정교 일치의 이념이 보였다. 그리고 《맹자》에는 다음과 같은 유명한 구절이 있다. 즉 후직后稷(순임금 밑에서 농사를 담당한 관리)이 백성들에게 농경하는 방법을 가르쳐 그들의 생활을 풍요롭게 만들었다고 설명하고 나서, 맹자는 "사람에게 도가 있으니 배불리 먹고 따뜻하게 옷을 입고 편안하게 살지라도 가르침이 없다면 짐승에 가까워지게 된다. 그래서 성인이 이것을 근심해 설契을 사도司徒로 임명하고 인륜으로써 가르치게 했다. 즉 아버지와 아들 사이에는 친함이 있고, 군주와 신하 사이에는 의가 있으며, 부부 사이에는 구별이 있고, 연장자와 연소자 사이에는 차례가 있으며, 벗 사이에는 신의가 있다고 가르쳤다"[47]고 주장하고 있다. 이른바 '오륜오상五倫五常'의 가르침이다. 그것은 '천'의 '불변의 도리'에 해당하는 것을 맹자가 분절화分節化해서 옛 성인에게 귀착시킨 것이라고 해석할 수 있을 것이다. 그리고 바로 이러한 도덕성에서 짐승과 다른 인간이 인간다운 이유를 발견하고, 그것을 백성들에게 가르치는 데서 정치의 중요한 역할을 발견했던 것이다.

교육칙어의 문제

이러한 정교 일치의 이념은 그 후 유교의 긴 전통을 이루었다. 명나라 태조太祖가 《육유六諭》(1397년 민중 교화를 위해 반포한 교훈. '부모에게 효도하고 순종하라', '나쁜 짓을 하지 말라' 등 6개 조로 되어 있다)를 공포한 것이나, 근세 일본에서 8대 쇼군 도쿠가와 요시무네德川吉宗가 명해 '육유연의대의六諭衍義大意'를 교부한 것(1722년 위에서 말한 《육유》의 취지를 부연 설명한 '육유연의'를 요시무네가 사쓰마薩摩 번을 경유해 입수한 뒤 室鳩巢와 荻生徂徠에게 명해 일본어로 번역하고 그 대의를 뽑아 간행하게 했다)은 모두 이러한 전통 속에서 볼 수 있다. 그리고 주의해야 할 점은 다름 아닌 근대 일본, 즉 후쿠자와가 '독립자존'을 강조한 이래 인민의 도덕적 자율의 방향으로 한 걸음 크게 내디뎠을 근대 일본에서 오히려 이러한 전통이 부활하고 강화된 것이다. 메이지 천황의 이름으로 〈교육칙어〉가 공포된 것이 바로 그것이다. 거기에 열거되어 있는 덕목은 반드시 유교적인 것만은 아니다. 예를 들어 "일단 유사시에는 국가나 사회를 위해 자신의 몸을 희생해 있는 힘을 다하는 것" 등은 국민의 군역軍役 봉사를 요구하고 있다는 점에서 백성의 정치적 무책임을 전제로 하는 유교와 다르다. 그것은 내셔널리즘의 결과로 볼 수 있다(梅溪昇, 《明治前期政治史の研究》, 未來社, 1963 참조). 그러나 문제는 그것이 전제로 삼고 있는 군주상君主像이다. 그것은 인민에게 도덕적 교훈을 내린다는 점에서 유교의 전통과 연결된다. 국가 권력에 대한 내면의 자유, 바꿔 말하면 무엇이 도덕의 기준인지는 시민의 양심에 맡긴다는 근대 국가의 원칙에서 볼 때, 그것은 개인의 내면에 대한 가부장주의적 개입이었던 것이 분명하다.

근대 일본의 국가 체제에 대한 근래의 연구는 그 근대성을 강조하는 경향이 강하다(鳥海靖, 《日本近代史講義》, 東京大學出版會, 1988 등을 참조). 확실히 그것은 입헌주의의 원칙을 내걸고 국민이 정치 의견을 발표하는 장인 의회를 만드는 등 근대적인 정치 원리에 입각해 있었다. 그 점에는 이견이 없다. 그러나 이와 동시에 잊어서는 안 되는 것은 '통수권을 총람總覽한다'(《大日本帝國憲法》 제4조)는 점에서 정치 군주인 천황이 동시에 〈교육칙어〉의 공포자로도 등장한다는 점이다. 도덕의 스승으로도 행동하고 있다는 점에서 천황이 유교의 전통을 계승하고 있었다는 것을 부정할 수 없을 것이다. 바로 이런 모순된 양면이 병존하고 있는 데 메이지 국가의 특성이 있었다고 해야 한다(藤田省三, 《天皇制國家の支配原理》, 초판, 未來社, 1966 참조). 그리고 일찍이 마루야마 마사오가 지적했듯이 국가 권력이 국민의 내면 생활까지 간섭하는 체제가 여기서부터 형성되고 있었다(〈超國家主義の論理と心理〉, 《現代政治の思想と行動》 증보판, 未來社, 1964, 초출 1946 참조).

또한 이러한 유교적인 정교 일치 이념을 하나의 중요한 요소로 삼아 메이지 말년 이후 이른바 '가족 국가' 론이 전개되고 있었다

(石田雄, 《明治政治思想史研究》, 未來社, 1954 참조). 그리고 그것은 당시 강국으로서의 일본의 세계적인 지위 상승, 그와 연동된 국민의 편협한 자부심의 고양을 배경으로 천황을 받드는 하나의 대가족으로서의 국가 내부에 국민의 의식을 점차 가두어 가고 있었다. 유신 초기의 일본에서 숨 쉬고 있던 보편평등주의적인 '천'이 그 사이에 점차 사라져 가는 반면에, 《신민의 길》을 낳는 독선적인 의식은 강화되어 가고 있었다.

'천'과 근로윤리

근로윤리의 흐름

앞 절에서는 가족 도덕을 중심으로 하는 유가의 도덕관이나 겸애를 핵심으로 하는 묵가의 도덕관이 '천'의 이념과 어떻게 관계를 맺고 있었는지 살펴보았다. 그런데 고전에는 그러한 **인간 관계와 관련된** 도덕 윤리와 관계를 맺으면서 **근면하게 일하는 것이 하늘의 뜻에 맞는다**(반대로 일하지 않는 자는 먹어서는 안 된다)라는 견해도 존재했다. 아래에서는 이러한 흐름을 살펴보기로 하겠다.

《서경》〈무일無逸〉편은 주공이 성왕에게 "안일에 빠져서는 안 된다(게으름을 피우지 말고 정치에 힘쓰라)"고 조언한 편인데, 거기에서 주왕조 초대 군주인 문왕은 허름한 옷을 입고 백성을 편하게 하는 일이나 농사일에 힘쓰며 아침 일찍부터 날이 저물 때까지 식

사할 틈도 없이 만민을 화합시키고 여러 나라에 모범을 보였다고 묘사되어 있다. 단순히 도덕적으로 올바른 것뿐만 아니라 왕위의 직책에도 있는 힘을 다하는 것이 윤리적인 규범으로 여겨지고 있었던 것을 알 수 있다. 그리고 주목해야 하는 것은 뒤이어 주공이 "여가가 생겼다고 해서 '오늘은 마음껏 놀고 즐기자'라고 말씀하지 마십시오. 그것은 백성들에게 가르칠 만한 것도 아니고 하늘을 따르는 것도 아닙니다"[48]라고 말하고 있다는 점이다. 한가하다고 해서 오늘은 놀자 하고 말해서는 안 된다는 것이다. '하늘을 따르는' 내용에는 당연히 근면, 정려精勵가 들어 있었을 것이다.

주지하듯이 《시경》〈위풍魏風〉〈벌단伐檀〉 편에서는 "저 군자여, 하는 일 없이 녹을 먹지 않는구나"라고 하고, 또 《춘추좌씨전》〈선공宣公 12년조〉에서는 "사람들의 생활에서 중요한 것은 근면이다. 근면하면 가난해지는 일은 없다"고 한다.[49] 이것들은 이러한 〈무일〉 편의 이념을 계승한 것이라고 할 수 있다. 다만 그 후의 중국 사상사에서는 이러한 근로 윤리(특히 육체 노동과 관련된 것)의 이념은 오히려 묵가나 농가農家(제자백가 중 하나. 만인의 농경을 주장) 등, 유가에서 볼 때 이단적인 쪽에서 강하게 계승되어 가고 있었다.

예를 들어 《맹자》〈등문공상滕文公上〉 편에는 농가로 전향한 진상陳相이 자신의 스승인 허행許行이 등공滕公을 비판한 것을 소개한 다음과 같은 문장이 있다. "등나라 군주는 정말로 현명한 군주입니다. 그러나 아직 도를 듣지 못했습니다. 현명한 사람은 백성들과 함께 밭을 갈아서 생활하고 아침밥과 저녁밥을 자신이 손수 지어 먹으면서 나라를 다스린다고 하는데, 지금 등나라에는 곡식과 재물을 쌓아놓은 창고가 있으나 이것은 곧 백성을 괴롭혀 자신을 살리는 것이니 어찌 현명하다고 할 수 있겠습니까?"[50] 즉 진정한 현군賢君은 자신도 가래를 들고 농부와 함께 생산하고 자급자족의 생활을 함께 하면서 다스려야 그 이름에 걸맞다는 것이다. 근세 일본의 특이한 사상가인 안도 쇼에키安藤昌益(1703~1762)는 아마도 이러한 농가의 주장에서 시사를 받았을 것으로 생각된다.

또한 치수 공사나 도시 건설을 맡아 하는 전문적인 기술자 집단이었던 묵가는 중노동과 금욕적인 태도로 자신들의 생활을 규제하고 있었다. 예를 들어 묵자의 어떤 제자는 "묵자를 섬긴 지 3년이 되자 손발에 못이 박이고 얼굴이 새까맣게 되도록 스스로의 몸을 부려 일을 했지만 감히 자신이 바라는 일은 물어 보지도 않았다"[51]라고 묘사되고 있다. 스스로 삼태기를 메고 삽을 들고는 힘든 토목 작업에 하루 종일 종사했다. 그 때문에 손발에는 못이 박이고 얼굴은 햇볕에 그을려 새까맣게 탔다. 그래도 묵묵히 일을 계속 했다는 것이다. 이러한 노동하는 인간상은 묵가가 이상으로 삼은 성인 우禹의 묘사에도 나타나 있다. 《장자莊子》〈천하天下〉편에 인용되어 있는 묵자의 말에 의하면 우는 홍수를 다스리기 위해 "손수 삼태기와 가래를 들고 천하의 강물을 하나로 합류시켰다. 그 때문에 장딴지에는 솜털이 없고 정강이에도 털이 없었다. 소나기에 목욕하고 거센 바람으로 머리를 빗으면서 수많은 나라를 건설했다"[52]고 한다. 그래서 후세의 묵가들도 이러한 우를 모범으로 삼아 "털가죽옷이나 칡베옷을 입고 나막신이나 짚신을 신고서 밤낮으로 쉬지 않고 자신의 몸을 고생시키는 것을 법도로 삼"게 되었다. 그렇게 하지 않으면 '우의 도'가 아니니 '묵가가 되기에 부족하다'고 여겨졌기 때문이다.[53] 여기서는 허름한 옷을 입고 스스로 육체적인 고통을 추구하듯이 계속 일하는 금욕적인 인간상을 엿볼 수 있다. 우아하고 아름다운 예악 질서의 세계에서 살아 가는 유가의 군자상과의 차이가 언뜻 보아도 명확하다.

그러나 육체 노동은 별문제로 하고, '무위도식[素餐]'을 반윤리적인 것으로 간주하는 생각 자체는 유가에서도 하나의 전통을 형성하고 있었다. 이런 점에서 흥미로운 것은 정이천이 만년에 《역전易傳》을 완성하려고 노력하는 심사에 대해 언급한 다음과 같은 술회이다. 즉 '농부'가 추위와 더위에 아랑곳하지 않고 힘든 노동에 종사하면서 '오곡을 파종'하고 있기 때문에 자신은 먹을 수 있다. '온갖 장인의 재주'를 지닌 사람이 '유용한 기물'을 만들고 있기 때문에 자신이 그것을 사용할 수 있다. '병사'가 갑옷으로 무장하고 무기를 들고서 국토를 지키고 있기 때문에 자신이 편히 살아 갈 수 있다. 이런 가운데 자기 혼자만이 "하는 일 없이 세월을 보낸다면 그것은 곧 천지간 한 마리의 좀(곡식을 먹는 벌레)일 뿐이다. 공덕과 은택 또한 백성들에게 미치지 못하게 된다." 그러나 다른 일은 하지 못하는 자신으로서는 성인이 남긴 글을 정리하고 모아 엮음으로써 '보탬이 되기를' 바라고 있다.[54] 이렇게 유학자로서의 그는 농공과 병사 사이에서 일종의 공속共屬 감정[55]을 갖고 그들에게 은혜를 입은 것을 보상하는 일에서 성인의 가르침을 보충해 손색없이 만드는 것의 의미를 찾고 있었던 것이다. 그리고 '천지간 한 마리의 좀'이라는 표현에서는 '무위도식', 즉 소찬素餐을 비판하는 근거로 '천'이 기능하고 있다고 할 수 있다.

근세 일본에서의 유포

중요한 것은 이러한 의미 연관을 갖는 '천'의 관념이 도쿠가와 막부 시대 일본에서는 광범위하게 유포되어 통치를 받는 사람들도 포함해 생활 윤리의 일단을 형성하고 있었다는 점이다. 예를 들어 근세 전기의 유학자인 야마가 소코山鹿素行(1622~1685)는 인간뿐만 아니라 새와 짐승, 물고기와 벌레, 풀과 나무에 이르기까지 모든 생물은 먹을 것을 구하기 위해 하루 종일 잠시 쉴 틈도 없이 이리저리 돌아다니고 있다고 보았다. "사물은 모두 이와 같다. 그리고 인간의 경우에는 농공상農工商이 또한 그와 같다." 그런데도 "사士가 만약 노력하지 않고 일생을 마친다면 하늘을 어지럽히는 자라고 해야 할 것이다"라고 말하고 있다(《山鹿語類》 권21, 〈士道〉). 여기에는 모든 생물이 살아가기 위해 끊임없이 활동하고 있다는 이해가 있고, 게다가 그것이 당연하다는 윤리 감각이 있다. 그래서 삼민三民(농공상)에 대한 도덕적 교화를 사士의 직업으로 여기고, 무위도식이 '하늘을 어지럽히는 자'로서 배척되었던 것이다. 소코의 염두에는 위와 같은 정이천의 말이 있었을 것이다. 같은 시기의 구마자와 반잔熊澤蕃山(1619~1691)에 대해서도 같은 말을 할 수 있다(《集義和書》 권16 참조).

또한 근세 초기의 가나자와金澤 번주藩主인 마에다 미쓰타카前田光高(1615~1645)는 분수도 모르고 사치하는 자를 "하늘과 땅 사이에 태어나 하늘과 땅에 쓸모없는 자는 하늘이 미워한다"고 비판하고 《陽廣公遺訓》, 중기의 상인인 미쓰이 다카후사三井高房(1684~1748)도 "인간은 물론 하늘과 땅 사이의 생명이 있는 존재는 모두 그 업에 종사하며 노력함으로써 먹을 것을 구하는 것이 천성자연天性自然의 도리이다"라고 주장하고 있다. 그래서 당시 와카인쿄若隱居의 풍습[56]이 '천명을 모르는 것'이라고 비판받았던 것이다(《町人考見錄》). 근세 후기의 가이호 세이료海保靑陵(1755~1817)도 "하늘의 이치는 어디에도 일하지 않고 생활하는 일은 없다는 것을 알아야 한다"《善中談》고 해서 자력으로 생계를 유지해 갈 것을 주장하고 있다. 그것은 위와 같은 근로 윤리의 전통을 계승한 것이라고 할 수 있다.

공공에 대한 관심

그런데 이러한, 이를테면 근로 공동체를 지탱하는 '천'의 이념은 '천하 후세'나 '천지의 은혜' 등의 관념과 결합되어 사적인 이해의 관심을 초월한 공공에 대한 관심을 길러 주는 역할을 했다. 예를 들어 에도 시대 중기에 의사와 하이쿠俳句 작가를 겸하면서 관동 일대를 돌아다니며 민중 교화에 힘쓴 도키와 단포쿠常盤潭北(1685~1744)는 "(삼나무를) 한 그루라도 더 심어 두는 것이 오늘 천도를 위해 일하는 것"이라는 어떤 늙은 농부의 말을 소개하며 자신이나 자손을 위해 늘리는 것과 "사람으로 태어나 천지에 내포된 역할을 깨닫고 늘리는 것 사이에는 현격한 차이가 있다"고 말하고 있다(《百姓分量記》 제3). 여기서는 식림植林이라는 사업이 갖는 공공성이 '천'에 의해 지탱되고 있었다는 것을 알 수 있다. 일찍이 가이바라 에키켄貝原益軒(1630~1714)은 "인간의 도는 오직 천지의 은혜를 알고 (천도를) 섬기고 받드는 데 있다"고 강조했는데(《五常訓》등), 이 늙은 농부의 말에서 그 메아리를 들을 수 있을 것이다. 또한 난학자蘭學者인 스기타 겐파쿠杉田玄白(1733~1817)가 놀랄 만한 노력을 기울여 《해체신서解體新書》를 번역한 동기 중 하나는 기초가 탄탄한 의학을 보급함으로써 '천하 후세'에 이바지한다는 것이었다(《蘭學事始》 참조). 그리고 이것들은 나중에 살펴볼 '천직' 관념과 결합해 근세 일본의 직업 윤리를 지탱하는 배경이 되었다(다음 장인 〈천인상관〉의 〈재성보상裁成輔相(참찬參贊)론〉 참조).

세습제 비판

그와 동시에 이러한 '천' 관념은 《순자荀子》 등에서 보이는 '덕'이나 '재才'에 대응해 위계상의 순위 매김이라는 사상의 영향 등도 받으면서 당시의 세습신분제를 비판하는 원리로도 기능하고 있었다. 예를 들어 가이호 세이료는 "원래 자기 손으로 부지런히 일해서 얻은 것이야말로 진정으로 하늘로부터 받은 것"(《養心談》)이고, "대개 사람이 하늘로부터 받은 것은 지혜뿐이다. …… 따라서 지혜의 경중과 의식衣食의 경중이 균형이 잘 잡혀 있으면 하늘로부터 받은 의식이라고 할 수 있다"(《善中談》)고 말하고 있다. 하늘로부터 태어난 각 개인이 하늘로부터 받은 지혜와 신체를 활용하고, 그에 걸맞는 의식衣食을 얻는 것이 '천리'라는 것이다. 실력으로 모든 것이 결정되는 씨름이나 바둑의 세계를 그가 '천리에' 부합한다고 평가하고, "천자든 제후든 천하의 모든 사람들이" 그래야 한다고 강조한 것(《洪範談》)도, 또 요堯→순舜→우禹 사이의 선양을 높이 평가하고(《稽古談》) 우禹→계啓 사이의 세습에 비판적인 것(《老子國字解》)도 이것과 관계가 있었다.

앞에서 말했듯이 근세 일본에서는 일반적으로 '천'은 계층 질서에 내재하며 그것을 내부에서 정당화하는 이념으로 기능하고 있었다. 계층 질서 속에서 각자에게 주어진 '분分'에 만족하는 것이 '천명'에 부합하는 것이었다. 그에 반해 위와 같은 세이료의 '천'은 그러한 계층 질서를 분단分斷하고 각 개인과 직접적으로 결합되어 있다. 바로 거기에서 관직이나 녹봉의 세습제가 비판되었던 것이다. 여기에서 '천'이 세습적인 신분제를 정당화하는 이념에서 능력 본위의 질서를 정당화하는 이념으로 바뀌었다고 할 수 있다. 근세 일본의 정치사상사에서 세이료가 갖는 획기성은 바로 여기에 하나의 근거를 갖고 있었다. 그러나 다른 한편으로 그것은 실력 차이에 기반을 둔 차별을 정당화한다는 점에서 권리의 평등을 말하는 후쿠자와적인 '천'과는 달랐다. 후자가 나타나기 위해서는 현자와 우자 모두 평등하게 구속하는 보편적인 규범으로

'천'이 재해석될 필요가 있었다. 그러한 과제를 수행한 것이 막부 말기의 요코이 쇼난이었다. 그러나 이 점에 대해서는 나중에 살펴보기로 하겠다. 여기서 확인해 두고 싶은 것은 유신 초기에 후쿠자와 유키치가 '혼자 힘으로 일하며 먹고사는 것[自勞自食]'이나 직업을 통해 공공에 공헌하는 것을 강조했을 때(《學問のすすめ》제9편 등을 참조), 그것들은 이 절에서 언급한 것과 같은 근로 윤리나 자력 생활의 에토스ethos, 나아가 공공성을 정초定礎하는 '천'의 이념 등에서 사상적인 공통점을 발견했으리라는 점이다(졸고〈近世日本の '職業'觀〉,《現代日本社會》4, 東京大學出版會, 1991 참조).

천인상관天人相關

❖

●●● 앞 장 〈천명의 다양한 모습〉에서는 '천'과 '인'의 직접적인 교차, 즉 '천'이 인간에게 내린 명령이나 계율을 주제로 그것의 여러 측면을 살펴보았다. 다음에서는 양자의 간접적인 관계에 초점을 맞추어 그 다양한 양상을 살펴보고자 한다. 이 관계는 양자를 매개하는 것이 무엇인지(자연인지, 인위적인 제도인지), 또 양자가 어떻게 이미지화되어 있는지(예를 들어 '천'을 인격신적인 것으로 보는지, 자연의 운행으로 보는지 등)에 따라 몇 가지 다른 유형으로 나누어진다. 게다가 '자연'을 사람의 신체 구조에 대응시켜 가며 설명하는 경우도 있었다. 다음에서는 먼저 천견설天譴說을 살펴보기로 하겠다.

천견설

천견설=재이설災異說의 흐름

천견설은 재이설災異說이라고도 한다. 이것은 지진, 홍수, 황해蝗害(메뚜기과의 풀무치 떼가 날아와 농작물을 남김없이 먹어 버리는 큰 재해), 일식, 월식, 혜성 등 각종 자연 재해나 천재지변에 주목하며, 그것들이 왕의 악정惡政에 대해 하늘이 경고한 것으로 보는 설이다. 그래서 이런 재이가 발생했을 때에는 왕은 마땅히 언행을 경계하며 삼가고 몹시 두려워하며 덕을 닦고 정치에 힘써야 한다고 여겨졌다. 앞 장에서 살펴본 정치적 천명관에 의하면 '천'과 백성은 직결되어 있었다. 학정에 시달리는 백성들이 '천'에 호소하면 '천'이 '명'을 바꾸어 왕조를 교체시켰다. 그에 반해 이 천견설에서는 '천'과 백성 사이에 재이가 개재되어 있다. 그만큼 이야기가 복잡하게 되어 있다(재이설이라는 동전의 뒷면에는 상서설祥瑞說이 있다. 천자의 덕정德政을 칭찬하며 천이 경사스러운 징조를 보인다는 것이다. 그러나 양자 모두 논리가 같기 때문에 다음에서는 재이설에 한정해 살펴보기로 하겠다).

이러한 관념이 중국 고대사에서 언제 등장했는지는 《서경》을 중심으로 보는 한 반드시 명확하지는 않다. 예를 들어 주나라 초기의 저작으로 여겨지는 〈다사多士〉 편이나 〈다방多方〉 편에는 '제강격우하帝降格于夏'라는 표현이 있다. 한대의 유학자들은 이것을 "하늘이 심각한 경고를 내려 꾸짖고 훈계했다"고 해석하고, 후대의 유학자들은 더 나아가 이 '전해져 내려오는 이야기'를 천견설로 설명하고 있다(《尚書正義》나 蔡沈의 《書經集傳》 참조). 걸桀의 학정을 고치게 하기 위해 '천'이 하나라에 재이를 내렸다는 것이다. 만약 이러한 해석이 올바르다면, 천견설이 주나라 초기부터 존재했다는 것이 될 것이다. 그러나 경經의 본문에는 재이에 관해 명백히 기록된 구절이 없다.

다른 한편으로 은나라에 승리를 거둔 무왕에게 기자箕子가 도를 가르쳤다는 〈홍범〉 편의 '구주'에는 왕의 언동이 날씨의 좋고 나쁨과 감응한다는 관념이 있다('八庶徵'). 수·화·목·금·토의 '오행'이 모貌(외모)·언言(말하는 것)·시視(보는 것)·청聽(듣는 것)·사思(생각하는 것)의 '오사五事'와 감응한다는 것이다. 〈홍범〉 편은 진秦나라 때 박사였던 복생伏生이 전한 금문상서今文尚書(금문으로 쓰인 상서)에 속해 있다. 따라서 이러한 천인감응天人感應의 관념도 진한秦漢 시기에는 있었다는 것이 된다. 그러나 반대로 현존하는 〈홍범〉 편 전체가 주나라 초기의 저작인가 하고 묻는다면, 그에 대한 명확한 증거는 없다. 특히 위와 같이 '오행' 관념이 강조되고 있는 부분은 오행설이 전국 말기에 성행한 이후의 저작이 아닌가 의심하게 만든다.

그에 반해 《시경》의 검토는 천견설적인 관념의 기원에 대해 보다 명확한 지식을 제공해 준다. 예를 들어 〈소아〉 〈절남산節南山〉 편 이하의 수 편의 시는 자연 재해나 일식, 월식 등의 발생을 실정失政 탓으로 보며 시인이 당국자를 비난한 것이다. 또 〈대아〉에도 '천'이 재이를 내린 것을 원망하는 시가 있다. 특히 〈운한雲漢〉 편은 그러한 재이를 왕이 자신에 대한 경고로 받아들이고 '망국으로 이어질지도 모르는 위기를 피하려고 신에게 기도하고 백관을 독려하는' 것이 주제였다(하늘이 상란喪亂[전쟁, 전염병, 천재지변 등으로 사람이 많이 죽는 일]을 내리사 흉년만 거듭해서 든다. ……나라의 운명이 다한 듯하다)[57]. 어쨌든 여기에는 가노 요시미쓰加納喜光가 말하 듯이 "자연 재해와 인간 사회의 혼란의 인과 관계를 하늘을 매개 로 해 제시하는 발상"이 나타나 있다고 할 수 있을 것이다. 그 배 경에는 서주의 멸망과 동천東遷 전후에 걸친 동란이 있었다. 사실 〈시월지교十月之交〉라는 시는 거기에서 언급되고 있는 일식에 대한 계산에 의하면 기원전 776년이나 기원전 735년의 작품이라고 한 다(加納喜光 역, 《詩經》 하, 學習研究社, 1983).

그 후 이러한 천견설은 《논어》·《맹자》 등 유가의 정통적인 경전 에는 거의 나타나지 않는 반면에 《묵자》에서는 강조되고 있다. 그 중 한 편인 〈겸애하兼愛下〉에 인용된 〈탕설湯說〉의 한 문장에 의하 면 은나라의 탕왕은 큰 가뭄이 발생했을 때 그것이 자신의 죄로 인한 것이라면 온 나라에는 벌이 미치게 하지 말고, 반대로 온 나 라에 죄가 있다면 그 죄를 자신이 받도록, "선택은 상제의 마음에 달려 있습니다" 하고 '천'에 기도했다고 한다. 또, 〈상동중尙同中〉 편에서는 인민이 천자에게는 상동尙同(받들며 본받다)해도 '천'에는 상동하지 않는 경우가 있는데, 그럴 때에는 날씨가 순조롭지 못해 오곡이 결실을 맺지 못하고 가축도 번식하지 않는다. 역병도 발생 한다. "이것이야말로 하늘이 벌을 내리는 것이다. 그렇게 함으로 써 하늘에 상동하지 않는 이 세상 사람들에게 벌을 주려고 하는 것이다"[58]라고 주장하고 있다. 왕이든 만민이든 '천'이 정한 계율 을 어겼을 때에는 그 벌로 재이가 발생한다는 것이다. 《서경》의 위 고문에 해당하는 편들 가운데서 〈탕고湯誥〉나 〈이훈伊訓〉에 나타나는 천견설은 앞에서 말한 천·민 일체관과 이러한 묵가의 재이설을 조합해서 만든 것 같은 느낌이 든다. 거기에서는 학정에 시달리는 백성들이 '천'에 '무고함'을 호소하면 '천'이 지상에 재이를 내려 나쁜 왕의 죄상을 밝힌다. 그것을 계기로 구舊왕조의 덕 있는 사람이 궐기해 방벌에 나선다고 여겨지고 있기 때문이다.

이러한 재이관이 《여씨춘추呂氏春秋》 등에서 보이는 전국 말기 이래의 지적 분위기를 이어받아 한대 유가에 의해 다시 강조되었다. 특히 유명한 것은 전한 시대의 동중서董仲舒(기원전 176~104년 경)이다. 예를 들어 무제武帝의 자문에 답한 '현량대책賢良對策'에서 동중서는 《춘추》에 대한 검토를 통해 도출해 낼 수 있는 교훈이라며 "국가가 장차 도를 잃어버리려 하면 하늘이 먼저 재해를 내려 꾸짖고 경고합니다. 그래도 스스로 반성할 모르면 다시 괴이한 현상을 내려 두렵고 두렵게 합니다. 그럼에도 변할 줄을 모르면 손상과 파멸에 이르게 됩니다. 이러한 것을 보면 하늘의 마음이 임금을 사랑해 그 난을 그치게 하려는 것을 알 수 있습니다"[59] 하고 말하고 있다. '천'은 군주를 사랑하기 때문에 실정을 고치게 하려고 여러 번 재이를 내린다. 따라서 군주는 그것을 계기로 반성해 정치에 힘쓰라는 것이다. 여기에서는 '천'과 군주 사이에 특별한 관계가 상정되어 있고, 중점이 오히려 '혁명'의 예방에 놓여 있다. 주나라 초기의 '천'이 지니고 있던 무자비한 성격은 뒤로 물러나 있다고 말하지 않으면 안 된다. 다른 한편으로 이러한 견해는 재이를 기회로 신하가 군주에게 충고하는 것을 가능하게 해주고

있다. 진秦제국의 뒤를 이은 전한에서는 황제는 법을 초월해 있고, 그를 규제하는 보편적인 존재는 없었다고 한다. 동중서의 이 주장은 재이설의 부활을 통해 다시 황제를 '천'의 통제하에 두었다고 할 수 있다(關口順, 〈董仲舒における氣の思想〉, 《氣の思想》, 東京大學出版會, 1978; 池田知久, 〈中國古代の天人相關論〉, 《世界像の形成》, 東京大學出版會, 1994 등을 참조).

천견설과 음양설

그런데 한대의 천견설은 음양설과 결합함으로써 특징적인 계통corollary을 지니기에 이르렀다. 하나는 '시령時令' 사상이다. 이것은 왕이 내리는 정령政令은 각 달과 각 계절에 부합하는 것이어야 한다는 생각이다. 정치는 음양 자연의 운행을 따라야 하는 것으로 여겨졌다. 그리하여 시령은 농사력農事曆의 성격을 띠며, "음양 이기二氣의 교류와 집산에 따라 자연의 생물의 생육과 감쇄의 상황을 설명하고, 그에 병행해 인간이 행하는 일이 따르고 응하며 천자의 통치행위가 하나하나 조절될 수 있도록 준비되어 있다"(戸川芳郎, 〈後漢期における氣論〉, 앞의 책, 《氣の思想》 참조). 후세가 되어도 왕조 시대에는 사형을 집행할 때에는 보통 입춘에서 추분 사이는 피했다. 거기에는 이러한 관념이 작용하고 있었다. '양기陽氣가 발생하는 계절'에 사형이라는 '음陰'의 행위를 하는 것은 '천도'에 어긋나는 것으로 여겨졌던 것이다(伊藤東涯, 《制度通》 권13, 〈五刑ノ事〉 참조). 이미 언급한, '혁명'을 사계절의 순환에 비교 대조하며 파

악하는 견해도 이러한 '시령' 사상의 한 변용이라고 할 수 있다.

다른 하나는 자연 재해와 '천'에 대한 백성의 호소가 음양설을 매개로 결합된 것이다(《春秋繁露》, 〈同類相動〉 편 등 참조). 예를 들어 다음과 같이 주장했다. 즉 부당한 노역의 징벌이나 병역의 강제 등 인민에 대한 악정은 그들의 불만을 고조시켜 음양의 조화로운 기운을 어지럽힌다. 그러나 천·인의 기운은 서로 감응하고 있기 때문에 그 혼란은 천지의 기운의 혼란에 연동해 각종 자연 재이를 유발한다고 한다(예를 들어 《漢書》 권74 〈魏相傳〉). 이러한 이유에서 재이가 발생했을 경우, 군주는 올바로 반성해 선정에 힘써야 한다고 여겨졌다(好竝隆司, 《秦漢帝國史研究》 제3편 제2장, 未來社, 1978 참조).

후세의 일본에서는 종종 재이를 계기로 덕정령德政令이 공포되었는데, 거기에서도 이러한 관념으로부터 영향을 받은 것을 엿볼 수 있다. 예를 들어 《아즈마카가미東鑑》에 기록되어 있는 분지文治 4년 3월(1188)의 인젠院宣에는 근래에 "천재지변이 발생했다는 상소가 끊이지 않고 있다. 사람들의 근심이 계속 쌓이고 있기 때문일까. 그러나 재이는 덕을 이기지 못한다. 덕에 의한 정치만한 것이 없다. 덕에 의한 정치라는 것은 사람들의 시름을 먼저 달래 주어야 한다"[60]라고 한다. 즉 '재이'='요妖'가 발생하는 것은 민간의 근심과 원망이 응결된 결과이며, '재이는 덕을 이길 수 없기'[61] 때문에 이 재이를 없애기 위해서는 '덕정德政'이 필요하다는 것이다.

재이설 비판=천인불상관론의 흐름

그런데 이러한 재이설에 대해서는 일찍부터 반대론이 존재했다. 예컨대 《춘추좌씨전》〈희공僖公 16년조〉(기원전 644)에는 다음과 같은 기사가 있다. 그해 송나라에 운석이 떨어져서 송나라 양공襄公이 우연히 와 있던 주나라의 숙흥叔興에게 무슨 전조인지 물어 보았다. 숙흥은 일단 그럴 듯하게 대답했지만 물러난 뒤 다음과 같이 말했다고 한다. 즉 운석 등은 "음양의 변화에 의한 것으로 인간이 행하는 일의 길흉과는 관계가 없다. 길흉은 사람의 행위에 따라 결정된다". 또한 잘 알려져 있듯이 전국 말기의 유가인 순자(기원전 3세기)는 다음과 같이 천인불상관天人不相關을 강조하고 있다(〈天論〉 편 참조). 천도에는 일정한 운행이 있으며, 이것은 정치상의 일에 의해 좌우되지 않는다. 다만 인간 쪽에서 하늘의 현상天象과 토지의 상황 등을 잘 알고 그것에 입각해 다스리면 성공한다. 일식과 월식, 기후의 불순, 혜성의 출현, 운석 등은 '천지와 음양이 변화하는 것'이기 때문에, 의심하는 것은 좋지만 두려워하는 것은 좋지 않다. 오히려 '인위적인 재앙[人妖]'을 두려워해야 한다. 기우祈雨나 복서卜筮 등에는 자연현상을 좌우할 수 있는 힘은 없다. 그리하여 무턱대고 '천'을 우러르기보다는 먼저 인간이 적극적으로 움직이며 천명을 지배하는 태도가 필요하다는 것이다. 이러한 물리적 자연관의 형성과 관련해서는 동시대에 '천'을 '무위자연無爲自然'에 접목시켜 해석하는 도가道家로부터의 '영향'이나 자연학·천문학의 발달과 같은 배경 요인이 종종 지적되고 있다(板

野長八, 《中國古代における人間觀の展開》 제6장, 岩波書店, 1972; 조셉 니덤, 《中國の科學と文明》 일본어역 제5권 《天の科學》, 思索社, 1976, 원저 1959; 內山俊彦, 《中國古代思想史における自然認識》 제4장 등 참조).

후대로 내려가 후한의 《백호통白虎通》 〈재변災變〉 편에서도 재이를 '천'의 기운 등 인간이 행하는 일과 분리해 설명하는 견해가 보인다. 또한 경전의 주석에서도, 예를 들어 마융馬融(79~166)의 《서경》 〈순전舜典〉 편에 대한 주석 부분에서 이와 같은 불상관의 관점을 발견할 수 있다. 〈순전〉 편에 의하면 요堯는 매년 발생하는 홍수를 다스리기 위해 신하들의 권유로 먼저 곤鯀을 등용했지만 결국 실패했다. 그 대신 순을 등용했더니 성공했다고 한다. 이에 대해 마융은 "물이 큰 재해를 일으키는 것은 하늘의 일정한 운행"이라고 말하며 요는 그것이 "그때의 운행에 의해 당연히 일어나는 것으로 사람의 힘으로는 다스릴 수 없다는 것"을 알고 있었지만, 백성들의 요구가 강했기 때문에 억지로 시킨 것이라고 보고 있다.[62] 홍수를 '하늘의 일정한 운행'으로 돌리는 것이 천견설과의 차이를 나타낼 것이다. 그리고 이러한 불상관론은 이미 전한 무제武帝 시대의 《염철론鹽鐵論》 권6 〈수한水旱〉 편 속의 대부大夫의 말에서 보이고, 그 후에도 《논형論衡》에서 보이는 왕충王充(27~100년경)의 주장, 더 내려가 유종원柳宗元(773~819)의 《천설天說》, 유우석劉禹錫(772~842)의 《천론天論》, 왕안석王安石(1021~1086)의 이른바 '삼불외三不畏' 설 등, 중국에서 하나의 전통을 형성하기에 이른다(당송 시기의 불상관론의 여러 예와 관련해서는 溝口雄三, 〈中國の天〉 상, 《文

學》55권 12호, 1987; 小島毅, 〈宋代天譴說の政治理念〉, 《東洋文化研究所紀要》 107호, 1988 참조).

또한 이것과는 뉘앙스가 다른 불상관론도 있었다. 그것은 《춘추 좌씨전》〈희공 15년조〉의 기사인 "이백夷伯의 사당에 벼락이 떨어 진 것도 하늘이 벌을 내린 것이다"[63]라는 구절에 대한 두예杜預 (222~284)의 주해 등에서 볼 수 있다. 그 주해에 의하면 두예는 이 '벼락이 떨어진 것[震]'이 "하늘과 땅에서 일어나는 큰 변화이자 자연의 재앙"[64]임을 인정하면서도 그것을 단순히 '천견'으로 해석 하지 않고, 오히려 성인(이 경우에는 공자)이 후세의 군주에게 정치 에 힘쓰도록 타이르려는 목적으로 재이에 가탁假託한 것이라고 해 석한다. 여기에서는 자연 재이를 신비화해 정치에 이용하려는 일 종의 정치적 의식의 발로가 엿보인다. 두예가 그것을 '신도神道'라 고 부르고 있는 것이 흥미롭다. 동일한 견해가 소공昭公 7년 4월 초하루에 일어난 일식에 대해 언급한 공영달孔穎達(574~648)의 소 疏(주석서) 등에서 보인다. 그리하여 위에서 거론한 것까지 포함하 면 천인불상관론은 중국의 경우 반드시 이단설로 결말지을 수는 없다고 할 수 있을 것이다(정주程朱에서 보이는 재이설에 대한 양의적 兩義的인 태도와 관련해서는 市川安司, 《程伊川哲學の研究》, 東京大學出版會, 1964; 友枝龍太郎, 《朱子の思想形成》, 春秋社, 1969 참조. 졸고 〈德川思想史 における天と鬼神〉, 《世界像の形成》에서도 간단히 언급했다).

일본의 특징

한편 이상과 같은 천견설이나 '시령' 설이 일본에서도 고대 이래 수용되어 기회가 있을 때마다 계속 다른 것과 비교 대조되어 왔다. 《니혼쇼키日本書紀》, 《쇼쿠니혼기續日本紀》, 《아즈마카가미》, 귀족의 일기 등 그 예가 많다. 그에 반해 필자의 인상으로는 중국에서는 천견설과 나란히 존재하고 있었던 불상관론의 전통이 적어도 중세까지의 일본에서는 매우 약했던 것 같다. 덕정령을 빈번히 공포한 것은 이것과 무관하지 않을 것이다. 순자가 상징하듯이 전국 말기 이후의 중국인이 '천인 분리[天人之分]'라는 자각을 갖고 일종의 기계적인 자연상自然像을 지니기에 이른 데 반해, 그와 같이 분리해서 보는 관점이 상당히 후대까지 약했던 것 같다.

그러나 일본에서도 근세에 접어들자 천견설과 함께 불상관론이 거의 평행하게 나오게 된다. 거기에서 시대의 하나의 특징을 볼수 있을 것이다. 예를 들어 《혼사로쿠本佐錄》는 홍수·혜성·기근 등을 열거한 뒤, 그것들은 "천자가 악정을 펼침으로써 인민들의 고통이 하늘에 닿아 천하 국가를 멸망시킨다는 것을 천도가 알려주는 것이라고 알아야 한다. 시간을 미루지 않고 천자가 마음을 바꾸고, ……정치를 바로잡는다면 재앙이 머잖아 사라질 것이다"하고 말하고 있다. 또한 구마자와 반잔은 "하늘과 사람의 관계 문제는 매우 두려워해야 한다"고 하면서 앞에서 인용한 동중서의 한구절을 거의 그대로 인용하고 있다(《大學或問》). 그러나 일본사상사의 문맥에서 보면 이것들은 실은 중세 이래의 견해가 연속해서 나타난 것에 지나지 않는다. 중요한 것은 오히려 이것들과 거의 나란히 이토 진사이와 이토 도가이伊藤東涯 부자父子 등 천인불상관의 입장에서 이러한 천견설을 부정하는 유학자들이 나타났다는 점이다. 또한 오규 소라이荻生徂徠(1666~1728)나 다자이 슌다이太宰春台(1680~1747)와 같이 천견설은 성인이 정치적인 필요에서 가탁한 것이라고 주장하는 사람들도 나왔다(이것은 앞에서 언급한 두예 등의 옛 주석의 설을 계승하고 있다).

주의하고 싶은 것은 이러한 근세 일본의 불상관론이 중국의 불상관론을 단순히 답습한 것은 아니었다는 점이다. 특히 중요한 것은 중국의 불상관론은 '음양오행'에 의한 자연의 '합리주의적' 설명을 다소나마 전제로 하고 있었던 데 대해, 전자가 근본적인 의문을 던지고 있었다는 점이다. 예를 들어 소라이는 '음양'이나 '오행'을 대상 쪽에 실재하는 것으로 보지 않고 성인이 자연을 인식하거나 사물을 질서 있게 정리하기 위해 만들어 낸 하나의 기준이라고 주장하고 있다(〈陰陽五行〉,《辨名》참조). 거기에서 역으로 '천' 그 자체는 성인도 '알 수 없거나[不可知]' '미루어 짐작할 수 없는[不可測]' 것으로 여겨져 갔다. 여기서는 '자연'관을 둘러싼 탈구축이 행해졌다고 할 수 있다. 그리고 이처럼 유교적 관념 밖에 대상화된 '자연'은 18세기 후반(에도 후기) 이후에 다시 의미를 부여받게 되었다. 미우라 바이엔三浦梅園(1723~1789)에 의해 특이한 자연 철학이 형성된 것은 이 과정의 한 국면이다. 그리고 이미 근세 후반에는 천견설이 힘을 잃어 가고 있었던 것을 19세기 초의 주자학자인 야마가타 반토山片蟠桃(1748~1821)에서 발견할 수 있다. 그는 천견설이나 선악응보설善惡應報說에 대해 "모두 하늘을 빌려 말하지만 실은 사람의 일이다"라고 말하고 있기 때문이다(《夢の代》, 〈無鬼上〉 참조). 나중에 후쿠자와 유키치에까지 이어지는, 난학蘭學을 통한 근대적 자연관의 섭취는 이러한 전제하에서 이루어지고 있었다(丸山眞男,《日本政治思想史研究》 제1장, 新裝版, 東京大學出版會, 1983, 초판 1952 참조).

재성보상裁成輔相(참찬參贊)론

새로운 천인상관관

지금까지는 천견설과 그것을 부정하는 천인불상관론을 중심으로 살펴보았다. 여기서 다시 주의하고 싶은 것은 《시경》, 《묵자》 등 소박한 천견설이 전제로 하는 '천'은 인격신적인 경향이 강했지만 순자 이후의 '천'은 재이설의 입장에 서든 불상관론의 입장에 서든 음양의 기로 이루어진 자연의 운행이라는 의미가 강하다는 것이다. 이미 《논어》에도 "하늘이 무슨 말을 하더냐? 그럼에도 사계절이 운행되고 모든 사물이 태어나고 있다"[65]라는 말이 있고, 또 《맹자》도 우연이 겹친 결과로서의 필연성이라는 의미에서 '천'을 사용하고 있었다(앞에서 언급한 것 참조). 이러한 것들에서 '천'의 비인격화의 경향을 볼 수 있다. 위와 같은 의미 변화는 전국 말기에서 진한 시기에 걸쳐 이러한 비인격화의 경향이 한층 강해진 결과라고 보아도 좋을 것이다. 그리고 이러한 지적 풍토에서 '천'을 자연의 운행으로 파악하면서 그것에 대해 인간이 적극적으로 관여한다는 의미에서 천인상관을 주장하는 견해가 나타났다. 즉 '천지'는 반드시 자족적自足的인 것은 아니며, 그 운행과 작용의 불충분한 점을 인간이 보충해야 비로소 '천지가 제자리에 위치하고' 천인일체天人一體의 성과가 오른다는 것이다. 여기서는 순자적인 천인지분天人之分을 전제로 하면서 인간의 천지에 대한 재성보상(참찬)이 강조되고 있다('재성보상'은 세상에서 일어나는 일이 성취되도록 적절히 처리하고 조력하는 것. '참찬'도 거의 같은 의미).

이 사상은 앞에서 말한 '시령' 사상의 뒷면을 이룬다고 말할 수도 있다. '자연'이 가치적으로든 논리적으로든 선행하면 '시령' 사상이 되고 왕은 그에 종속된다. 다른 한편으로 '사람(우선 당장은 성인聖人이지만)'이 선행하면 재성보상론이 된다. 여기서는 그중에서도 인간의 물질 생활과 직업의 의미 부여 및 산업 개발에 관한 측면을 살펴보기로 하겠다.

거대한 성인상聖人像

그런데 현재 유교의 고전으로 알려져 있는 여러 경전 가운데서 이러한 사상을 강하게 내세우고 있는 것으로 《중용》(그중에서도 특히 후세에 '原中庸'에 덧붙여진 부분)과 《역경》(그중에서도 공자가 본문에 대해 논평한 것으로 간주되고 있는 '傳' 부분)을 들 수 있다. 다케우

치 요시오武內義雄, 가나야 오사무金谷治, 우치야마 도시히코內山俊彥 등을 비롯한 지금까지의 연구에 의하면 이 부분들은 모두 진한 교체기에 저술된 것 같다. 진·한제국이라는 미증유의 대제국을 건설한 당시 사람들의 의기양양한 기개가 거기에 반영되어 있다고 할 수 있다(시대를 확정할 수 있는 이른 시기의 사료로 한대 초기의 陸賈가 지은 《新語》〈道基〉 편을 들 수 있다. 거기에서는 "하늘은 만물을 낳고 땅은 이것을 기르며 성인聖人은 이것을 완성시킨다"[66]고 한다. [앞에서 언급한 戶川芳郞,〈後漢期における氣論〉 참조]).

　예를 들어 《역경》〈건괘乾卦〉의 〈문언전文言傳〉에는 "무릇 대인은 천지와 그 덕을 합하고, 일월과 그 밝음을 합하며, 사계절과 그 질서를 함께한다"[67]라는 유명한 구절이 있다. 천지자연의 질서와 완전히 일체화된 거대한 성인상을 볼 수 있다. 그렇기 때문에 이러한 성인은 〈태괘泰卦〉〈상전象傳〉에 기술되어 있듯이 "임금은 태괘를 보고 천지의 도를 조절하고, 천지의 화육 작용에 조력하며, 백성들의 생활을 돕는다"[68]고 한다. 그는 '천지'와 대등한 존재로 그 '도'를 성취하고 그 화육化育을 도우며 백성들이 일상생활 속에서 편안히 살아가게 해야 한다. 또 《중용》 제22장에서는 "오직 천하에서 가장 진실한 자만이 그 성을 다할 수 있다"고 하고, 그러한 성인은 또한 '사람의 본성'과 '사물의 본성'을 다할 수 있다. 그리하여 "천지의 화육을 도울 수 있다. 천지의 화육을 도울 수 있으면 천지와 대등한 존재가 될 수 있다"[69]고 주장하고 있다. 여기에서도 천지의 화육 작용에 대한 성인의 조력이 강조되고 있는 것을 알 수 있다.

정주학의 보상론輔相論

한대의 유학에서 발흥한 이러한 '보상'론이 송대의 정주학에서 다시 강조되었다. 다음에서 세 가지 점에 한정해 그 특징을 살펴보기로 하겠다.

[1] '참찬'의 내용으로 백성들에 대한 도덕적 교화뿐만 아니라 물질적인 생활의 안정을 위한 각종 정책(농업·임업·목축 등에 관한)이 포함되어 있다. 이와 관련해 한 가지만 예를 들면 정이천은 봄에 파종하거나 가을에 수확하는 방법을 거론하며, 그것들은 군주가 "천지교태天地交泰(하늘과 땅이 화합해 태평함)의 도"를 체득해 백성들이 "화육의 공을 도와 그 풍성하고 아름다운 이익을 이루어내게 하는" 것이라고 말하고 있다.[70]

[2] 천지 작용의 불완전성이 강조되었다. 앞에서 인용한 《중용》 제22장과 관련해 정자는 "천지의 화육은 마치 미치지 못하는 것이 있는 것과 같다. 반드시 사람이 조력해야 완비된다. 즉 천지도 사람이 아니면 확립되지 않는다"[71]고 주장하고 있다. 주자도 또한 "하늘과 사람이 하는 일에는 각기 구분이 있다"고 하며 사람은 할 수 있지만 '천'이 할 수 없는 것으로 '경작과 파종[耕種]', '관개[灌漑]' 등을 예로 들면서 '재성보상'은 '천지의 화육'을 사람이 돕는 것이라고 강조하고 있다《朱子語類》 권64).

이런 점에서 흥미로운 것은 《중용》 제12장의 "천지가 위대하지만 사람에게는 오히려 한이 되는 바가 있다"[72]라는 본문에 대한 주자의 논평이다. 그것에 의하면 성인도 전지전능하지는 않지만 천지도 그러하다. 하늘은 뒤덮을 수 있지만 땅과 같이 실을 수는 없다. 땅은 그 반대이다. "기화유행氣化流行에 이르러서는 음과 양, 추위와 더위, 길과 흉, 재앙과 상서 모두 그 올바름을 얻지 못하는 것이 정말로 많다." 이것이야말로 인간의 관점에서 볼 때 유감스러운 점이라는 것이다.[73] 이처럼 '기화의 유행'으로 재이를 말하는 주자의 설명은 어떤 의미에서는 순자 이래의 천인불상관론의 논리를 계승하고 있다고 할 수 있다. 그가 한대 유가의 천견설을 전면적으로는 받아들이지 않았던 것도 이러한 관점을 갖고 있었기 때문이라고 할 수 있다. 그러나 동시에 다른 한편으로 주자는 성인의 학문이 달성할 수 있는 최고의 효과로서 '재성보상'의 형태를 취한 적극적인 천인합일天人合一을 들고 있다. 즉 "성인이 가능한 일, 학문의 지극한 공"[74]으로, 그는 그 마음을 올바르게 다스려 중화中和에 이르면 천지 음양의 기도 중화되어 천지는 제자리에 위치하고 만물은 성장하기에 이른다고 한다(같은 책 권1). 이것은 분명히 육가陸賈나 동중서 등의 논리를 계승하고 있을 것이다. 그리하여 주자는 한편으로는 불상관론에 의거해 인간의 책임으로 돌릴 수 없는 '기'에 의한 재이의 발생을 인정하면서도, 다른 한편으로는 완전히 달라져 상관론의 입장에 서서 성인은 그것들조차 해소시키는 거대한 힘을 갖고 있다고 주장한다. 이러한 역전逆轉 속에서 정주학의 '재성보상'론을 지탱하는 역동성dynamism을 발견할 수 있다.

[3] 본래의 경전에서는 성인 군주의 사업과 관련해 언급되고 있었던 '재성보상', '참찬'이 정주학에서는 아래로 확대되어 일반 인민의 생업에 의미를 부여하는 데도 사용되고 있었다. 이런 점에서 흥미로운 것은 주자가 (문인과의 토론이라는 사적인 장소에서의 용법이기는 하지만) 민간의 직업까지도 '천직天職'의 일환으로 파악하고 있다는 점이다. "사람에게는 눈·코·입·귀가 있으며 또 각기 담당하는 기능이 있다. 더군다나 사람은 하늘과 땅 사이에 있다. 농공상 등으로부터 또 얼마나 올라가는지 알 수 없다. 모두가 마땅히 힘을 다해야 할 것이다. ……본분을 다해야 할 것이다. 만약 한 가지라도 결여되는 것이 있으면 곧 천직을 무너뜨리고 말 것이다."[75] 사회의 신분·직업에 인체의 각 기관을 비유하며, 각 기관이 정상적으로 기능해야 인체가 움직이듯이 사회도 또한 각각의 신분과 직업을 가지고 있는 사람들이 그 본분을 다해야 '천직'을 완수할 수 있다고 말하는 것이다. 여기에는 한 사회가 전체적으로서 '천'이 부여한 임무를 맡고 있다는 견해가 내포되어 있다고 할 수 있다.

'천직'이라는 말은 《맹자》에서는 군주와 재상 등 위정자가 인민을 통치하는 일을 가리키고 있었다〈萬章下〉. 거기에는 원래 '천'이 행하는 이러한 중대한 일을 군주와 재상이 대리로 하고 있다는 함의가 있었다《서경》〈大誥〉 편의 '天役'이라는 관념도 똑같다). 그런 의미에서 이 관념에는 '천명'이 지니고 있는 '사명'으로서의 일면

이 잘 나타나 있다. 그래서 '천직' 이라 불리며 일반적인 생업과 구별되었던 것이다. 그리고 주자도 경전류經典類의 주석에서는 이러한 정통적인 해석을 받아들이고 있다. 다른 한편으로 그의 경우에는 위아래가 일체가 된 '화육참찬化育參贊' 이라는 관념이 위와 같은 독자적인 '천직' 관을 낳았을 것이다.

근세 일본의 천직관天職觀

그런데 위에서 살펴본 정주학의 '재성보상' 론은 모두 근세 일본에서도 계승되었다. 그중에서 특히 중요한 것은 농공상 등 피치자에 의한 '화육참찬' 의 관념이 정주 이상으로 강조되고, 그와 함께 '천직' 관념이 널리 일반화되어 갔다는 점이다. 그것은 이미 살펴본 근로 윤리의 관념과 함께 근세 일본의 인민이 자신의 직업에 대한 자각을 높이고 그 생활에 의미를 부여하는 데 적합한 이념을 제공했다(石田一良, 〈德川封建社會と朱子學派の思想〉, 東北大學《文學部研究年報》제13호 하, 1963 참조).

예컨대 미야자키 야스사다宮崎安貞(1623~1697)는 농업에 대해 "벼를 나게 하는 것은 하늘이고, 기르는 것은 땅이다. 인간은 그 사이에서 하늘의 기를 잘 살피고 토양의 질을 잘 판단해 시기적절하게 경작에 힘쓴다. 만약 그렇게 열심히 일하지 않으면 천지가 낳아서 기르는 일도 성취되지 못할 것이다"라고 한다(《農業全書》, 〈農事總論〉). 이것이 정주적 논리를 일반화시킨 것이라는 사실은 쉽게 알 수 있을 것이다. 또 나카무라 데키사이中村惕齋(1629~1702)는

한 단어
사전

이 책에서도 앞에서 인용한 《시경》 〈위풍魏風〉 〈벌단伐檀〉 편의 "군자는 한갓 자리만 차지하고 녹만 받아먹지 않는다"라는 구절에 다음과 같은 주석을 달고 있다. "생각건대 사람은 만물의 영장으로서 무릇 이 세상에 태어나 생계를 꾸려 나가는 사람들은 각각 그 신분에 상응하는 재성보상의 천직을 맡지 않는 일이 없다. 각자의 직업에 힘쓰지 않고 헛되이 먹고 마시는 것은 모두 한갓 자리만 차지하고 녹만 받아먹는다는 것임을 알아야 한다"《詩經示蒙句解》). 주자의 《어류語類》의 설에 입각하면서 한층 더 단적으로 백성들의 직업을 '재성보상'으로 파악하며 '천직' 관을 일반화하고 있는 것을 알 수 있다. 원래의 시의 주제인 '군자'(위정자층)뿐만 아니라 '무릇 이 세상에 태어나 생계를 꾸려 나가는 사람들'의 '천직'을 주장하고 있기 때문이다. 그리고 이러한 데키사이적인 용법은 다른 한쪽의 맹자적인 '천직'의 용법과 병존하면서, 시대가 내려옴에 따라 점차 널리 퍼져 갔다(맹자적인 '천직' 관이 사인士人의 정치적 사명관과 결합해 수행한 역할에 대해서는 후술).

여기서 앞 절에서 고찰한 것도 아울러 함께 정리해 보면 거시적으로 볼 때 근세 일본에서는 자연상自然像의 측면에서 독자적인 입장에 선 천인불상관론의 이를테면 급격한 대두와, 다른 한편에서 '천직' 관의 일반화(화육참찬의 주체로서의 인민의 대두)라는 두 측면에서 큰 특징이 있었다고 할 수 있다. 그것들은 다른 의미에서 일본인의 자연에 대한 '주체성'의 고양을 나타내고 있다. 다만 후자는 근세의 세습적인 신분제 사회라는 큰 틀을 전제로 하고 있으며, 직업 선택의 자유라는 관념이 대단히 약했다. 각 개인은 태어난 집의 직업(家業·家職)을 '천직'으로 간주하고 있었던 데 지나지 않는다(이에家 제도와 결합된 일본의 가업·가직관의 독특한 성격과 관련해서는 滋賀秀三,《中國家族法の原理》제1장, 創文社, 1967; 石井紫郎, 〈近世の武家と武士〉,《日本人の國家生活》, 東京大學出版會, 1986 등 참조). 따라서 이 관념은 체제를 내부로부터 강화하는 역할을 수행했을지언정 그 변혁을 초래하는 일은 없었다. 개인의 의견에 의하면 그것이 근대적인 직업관으로 바뀌기 위해서는 특히 18세기 후반 이후의 일본에서 강해진 '창업 정신', '자아 의식' 등에 의해 매개되지 않으면 안 되었다(앞에서 언급한 졸고, 〈近世日本の '職業' 觀〉 참조).

그런데 위에서 살펴본 '참찬' 관념은 근세 후기에서 막부 말기에 걸친 일본에서는 서양 근대의 과학기술의 발전 및 그것을 이용한 대규모의 자연 개발에 대한 지식을 매개로, 각종 산업 개발 쪽으로 사람들의 의식이 향하게 하는 역할을 했다. 예를 들어 혼다 도시아키本多利明(1743~1820)의《경세비책經世秘策》에는 그러한 경향을 엿볼 수 있는 측면이 있다. 또한 사토 노부히로佐藤信淵(1769~1850) 등에서는 이러한 유교적인 '참찬' 관념이 국토 창성 신화에서 유래하는 국학적인 국토의 '슈리코세이修理固成' 관[76]과 결합해 역동적인 '개물開物' 사상을 낳고 있다(《經濟要錄》 참조). 그리고 말년의 요코이 쇼난의 '외천경국畏天經國' 사상도 이러한 '재성보상' 론에서 연유된다고 할 수 있다. 그에 의하면 요순 삼대의 '격물格物'이란 천제天帝의 명을 받아 성인이 실천한, 민생 안정을 위한 생산 행위였다고 한다(모토다 나가자네元田永孚[1818~1891]와 대화를 나눈 〈沼山閑話〉 참조). 메이지 초기의 식산흥업殖産興業 사상은 이러한 '참찬' 관으로부터의 계승이라는 측면을 지니고 있었다.

소천지小天地 · 대천지관大天地觀

지금까지의 두 절에서는 '천'과 '인' 사이에 자연이 개재介在하는 경우의 두 가지 유형에 대해 고찰해 왔다. 그에 반해 이 절에서는 인체의 구조와 천지의 형체 사이에 근본적인 동일성이 있는 것을 인정하고, 거기에서 천인상관을 발상하는 견해를 살펴보고 싶다. 이른바 소우주microcosmos와 대우주macrocosmos 관념의 중국적 형태이다.

인체와 천지의 관계

이러한 관념의 기원 가운데 하나로 고대 의학의 병인론病因論이 있었던 것 같다. 《춘추좌씨전》〈소공昭公 원년조〉(기원전 541)에는 유명한 정鄭나라 자산子産(기원전 6세기의 정치가)의 말이 기록되어 있다. 그것에 의하면 자산은 군주의 질병을 실침實沈(산천의 신)과 대태臺駘(일월성신)의 지벌 탓으로 돌린 점쟁이[卜人]의 주장에 반대하며 다음과 같은 취지의 말을 하고 있다. 산천의 신이나 일월성

신의 신은 각각 홍수·가뭄·역병 등의 재해나 계절에 맞지 않는 눈서리, 풍우風雨 등의 현상이 벌어졌을 때 제사 지내는 존재이며 어느 것이나 다 군주의 질병과는 관계가 없다. 자신이 들은 바에 의하면 군자에게는 하루에 네 가지 시간대가 있다. 아침에는 정무를 처리하고, 낮에는 남의 의견을 들으며, 저녁에는 정령을 정하고, 밤에는 휴식을 취한다는 것이다. 그때마다 혈기를 잘 발산시키면 질병이 생기지 않는다. 그러나 이 리듬에 몸과 마음을 합치시키지 않으면 질병이 발생한다고 한다.

여기에서는 명백히 두 가지 사고 방식이 보인다. 한편으로는 기이한 자연 현상이나 재해가 신들의 지벌에 의해 발생한다는 원시적 관념이 숨 쉬고 있다. 그것은 머잖아 음양설에 의해 합리화되어 앞에서 말한 천견재이설天譴災異說을 낳게 된다. 그러나 다른 한편으로는 합리적인 사유도 보인다. 건강이라는 인체의 정상적인 기능과 관련된 문제를 자연의 리듬과의 관계 속에서 파악하고 있기 때문이다. 질병의 원인을 신들의 지벌 탓으로 돌린 점쟁이와의 차이는 명확할 것이다. 〈소공 원년조〉에 기록되어 있는 진나라의 화和라는 의사의 주장에서도 같은 말을 찾을 수 있다. '천'에는 음양 이하의 여섯 종류의 기가 있는데 그 균형이 무너지면 각종 질병이 발생한다고 그가 주장하고 있기 때문이다. 이러한 의학적인 견해를 정치에 적용하면 이미 살펴본 '시령' 사상이 나타나게 될 것이다. 인체와 정치 사회 질서 간에 차이가 있다 하더라도 모두 그 정상적인 운행(기능)이 자연의 리듬과의 일치 여하에 달려 있다고 보고 있기 때문이다(이상의 논의와 관련해서는 加納喜光, 《中國醫學の誕生》, 東京大學出版會, 1987; 石田秀美, 《中國醫學思想史》, 東京大學出版會, 1992, 17·99쪽 이하 등 참조).

이러한 의학적 기원과 더불어 선진先秦 시대의 도가 계통의 '기' 사상에서도 똑같은 관념이 보였다. 즉 도가는 유가가 거의 주의를 기울이지 않았던 천지우주의 생성이라는 문제에 눈을 돌렸는데, 그것은 동시에 하늘과 땅 사이에 태어난 인간이 어떻게 생명을 끝까지 잘 지킬 것인가 하는 양생론養生論의 관심과 결부되어 있었다. 그리고 이 두 영역은 특히 《장자》에서 서로 관련지어졌다고 한다. 인간이 "기를 똑같이 음양으로 받음으로써 대자연 세계의 만물과 근원적으로는 성질과 뿌리가 같으며 긴밀한 연대성도 지니고 있다는 만물 일체의 철학"이 거기에서 전개되었기 때문이다(福永光司, 〈道家の氣論と《淮南子》の氣〉, 앞에서 언급한 《氣の思想》, 131쪽).

이처럼 근저에 '기'라는 공통성을 지니고 있다는 소박한 설명을 계승하면서, 전한 시대의 《회남자》는 위에서 살펴본 의학적 관심 및 천문 율력의 지식을 배경으로 훨씬 더 엄밀한 인체와 천지의 대응 관계라는 주장을 제시한다. 다음의 〈정신훈精神訓〉 구절은 그 전형적인 예이다. "머리가 둥근 것은 하늘을 본뜬 것이고, 발이 네모난 것은 땅을 본뜬 것이다. 하늘에는 사계절·오행의 구해九解(정설은 없지만 하늘의 아홉 분야가 아닐까라고 한다)·366일이 있다. 사람에게도 또한 사지·오장의 구규九竅(두 눈, 두 귀 등 인체에 있는 아홉 개의 구멍)·366개의 관절(인체 골절의 숫자)이 있다. 하늘에는 바람·비·추위·더위가 있고 사람에게도 받는 일·주는 일·기쁨·노여움이 있다. 그러므로 쓸개는 구름雲, 폐는 기氣, 간장은 바람이 되고 콩팥은 비가 되며 비장은 우레가 된다. 이러한 기관들은 천지와 서로 관계하며 마음이 이 모든 것들을 주관한다."[77] 직립하는 인체 본연의 모습을 '천원지방天圓地方'(둥근 하늘이 네모난 땅을 덮는다는 '개천설蓋天說'로 불리는 견해)이라는 세계상에 중첩시키며, 손발의 사지를 춘하추동의 사계절에, 오장을 오행에 적용하는 등, 하나하나 엄중히 인체의 기관이나 감정의 작용과 천지자연의 여러 현상과 대응시키고 있는 것을 알 수 있다. 거기에서 인간이 '천지와 서로 관계하는' 모습이 보인다.

여기에서 보이는 소우주와 대우주의 관념을 이어받아 한대의 유학자 익봉翼奉은 다음과 같이 말하고 있다. "신이 듣기로 사람의 기운이 안에서 역행하면 천지를 감응시켜 움직이게 한다고 합니다. 하늘의 이변은 별의 형세나 일식에 나타나고, 땅의 이변은 기이한 물건이나 진동에 나타납니다. 그 원인은 양이 그 정기를 이용하고 음이 그 형체를 이용하는 데 있습니다. 이것은 마치 사람에게 오장과 육체六體(머리·몸·사지)가 있는데 오장은 하늘을 본뜬 것이고 육체는 땅을 본뜬 것이기 때문에, 오장에 병이 생기면 그 기색이 얼굴에 나타나고 몸에 병이 생기면 하품이나 기지개가 모습에 나타나는 것과 같습니다."[78] 오장과 육체가 각각 하늘과 땅과 비교 대조되고, 자연의 재이와 인체의 질병이 상관적으로 해석되고 있는 것을 알 수 있다. 천지 사이와 인체의 내부에 가득 차 있는 음양의 기가 매체가 되어 천인이 서로 감응한다는 것이다.

인간 존엄의 근거

이러한 점과 더불어 또 한 가지 이 관념과 관련해 주의해야 할 점은 그것이 인간의 존엄성의 기반을 마련해 주는 역할을 했다는 것이다. 《회남자》〈천문훈天文訓〉에는 다음과 같은 구절이 있다. "(천지간의 만물은 음양이 서로 뒤섞이는 가운데 생성한다고 말한 후) 발로 걷고 입으로 숨 쉬는 것, 즉 모든 생물 가운데 사람보다 귀한 것은 없다. 그래서 사람의 몸에 나 있는 구멍이나 팔다리와 몸이 모두 하늘과 통해 있다는 것이다. 하늘에는 아홉 개의 층이 있고 사람에게도 역시 아홉 개의 구멍이 있다. 하늘에 사계절이 있어서 그것으로 열두 달을 정하고, 사람에게도 역시 사지가 있어 그것으로 열두 개의 관절을 사용한다."[79] 〈정신훈〉에서 본 것과 같은 인간=소천지小天地라는 이해가 여기서는 만물에 대한 인간의 존엄성의 근거를 마련해 주고 있다는 것을 알 수 있다.

그런데 일반적으로 유가 계통의 문헌에서는 인간의 존엄성은 사람이 도덕적인 '의義'를 알고 있다는 데에서 찾았다. 앞에서 말한 맹자의 '오륜오상'의 가르침이 바로 그것이다. 그 외에 순자도 물과 불, 풀과 나무, 날짐승과 길짐승에 비해 사람은 "기도 있고 생명도 있고 지각도 있고 또 의도 있다. 그래서 세상에서 가장 존귀하다"[80]고 말하고 있다. 또한 동중서도 아버지와 아들, 형과 동생, 군주와 신하, 연장자와 연소자가 서로 예의 바르고 친근하게 대한다는 점에서 사람이 '존귀한 이유'를 찾아내고 있다(〈賢良對策〉). 유명한《서경》〈태서〉 편의 "사람은 만물의 영장"[81]이라는 명제도 통상적으로는 이러한 관점에서 설명되었다. 그에 반해 위의 인체=소천지설은 새로운 관점을 보여 준 것이라고 할 수 있다. 그리고 소우주와 대우주의 관념은 이런 점에서 후세에 상당히 큰 의미를 지녔다.

예컨대 주자는 "사람의 머리가 둥근 것은 하늘을 본뜬 것이고, 발이 네모난 것은 땅을 본뜬 것이다. 공평하고 올바르고 단정하고 곧은 것은 천지의 올바른 기운을 받았기 때문이다. 이것이 바로 도리를 알고 지식을 갖고 있는 이유이다"[82]라고 말하고 있다. 그의 제자인 진북계陳北溪도 스승의 학설을 계승하면서 보다 더 구체적으로 다음과 같이 말하고 있다. "사람의 몸은 오히려 천지와 상응한다. 머리가 둥글고 위에 있는 것은 하늘을 본뜬 것이고, 발이 네모나고 아래에 있는 것은 땅을 본뜬 것이다. 북극은 하늘의 중앙이지만 오히려 북쪽에 있다. 그래서 사람의 백회혈百會穴(정수리의 숨구멍 자리)은 머리 위 중앙에 있지만 오히려 뒤를 향하고 있다. 해와 달은 단지 하늘의 남쪽에서만 오간다. 그래서 사람의 두 눈은 모두 앞에 있다. 바다는 짠물이 되돌아가는 곳으로 남쪽 아래에 있다. 그래서 사람의 소변도 앞쪽 아래에 있다. 이것이 바로 바른 기운을 얻었다고 하는 이유이다."[83] 일반적으로 주자학에서는 사람이 '천'으로부터 받은 '기'의 순수함으로 그 영장성靈長性을 설명한다. '기'가 바르기 때문에 사람은 (다른 생물과 달리) '천명'

으로서의 '본래적인 착한 성' 인의예지신仁義禮智信을 전면적으로 드러낼 수 있다고 한다. 위와 같은 주장은 그 '기'의 순수성을 설명하기 위해 다시 인체=소천지관을 도입하고 있는 것이다.

근세 일본의 인체=소천지관

이러한 인간의 존엄성을 인체=소천지로 설명하는 견해가 근세 일본에서도 종종 비교 대조되었다. 앞에서 인용한 아사이 료이의 문장에서도 그러한 뉘앙스가 느껴진다. 또 구마자와 반잔은 "사람은 몸은 작지만 태허太虛의 전체가 있기 때문에 사람의 성性에만 명덕明德이라는 존호尊號가 있다. 그러므로 사람은 작은 몸체의 하늘이고 하늘은 큰 몸체의 사람이라고 할 수 있다. 사람의 한 몸을 천지와 비교해도 조금도 어긋나는 것이 없다"고 말하고 있다《集義和書》 권1). 이시다 바이간石田梅巖(1685~1744)도 "천지를 사람으로 말하면 마음은 텅 비어 있으니 하늘이고, 몸은 막혀 있으니 땅이다. 호흡은 음양이다. ……이것을 보라. 사람은 그 전체가 하나의 소천지이다. 나도 하나의 천지라는 것을 안다면 부족한 것이 뭐가 있겠는가" 하고 강조한다《都鄙問答》 권3). 특히 후자의 경우에는 이러한 관념이 당시의 신분제 사회에서 하위로 태어난 사람들에게 충족감을 주어 불만을 해소시키는 역할을 하고 있는 것을 알 수 있다. 그리고 고이 란슈五井蘭州(1697~1762)는 다음과 같은 취지의 말을 하고 있다. 천지간에는 무수한 사물이 탄생하는데 그 재성보상을 위해서는 사람의 참찬이 필요하다. 그래서 사람의 형체를 소천지로 만들고 인의예지의 성을 갖추게 할 것이다(陶德民,《懷德堂朱子學の硏究》, 大阪大學出版社, 1994, 31쪽 참조). 여기서는 도덕적으로 해석된 '참찬'과 인체=소천지관이 결합되어 있다.

일본인의 근면 철학과 관련해서는 근세 초기의 선승禪僧 스즈키 쇼산鈴木正三(1579~1655)의 이름이 종종 거론된다. 이러한 언급은 확실히 틀린 것은 아니다. 그는 농민들이나 상인들을 향해 그들의 직업이 '천도'로부터 명받은 것이므로 사욕을 버리고 그에 힘쓰라고 강조하고 있기 때문이다(《萬民德用》 등). 그러나 동시에 쇼산에게는 신체를 천시하는 불교적 관념이 남아 있기 때문에(그는 인체를 '똥자루[糞袋]'로 부르고 있다) 근면이 그 죄업을 완전히 없애 버리기 위한 수행으로 간주되고 있었다. 그에 반해 근세 일본에서 사람들을 사로잡은 것은 위에서 살펴본 인체=소천지관 및 그것과 연동된 도덕 원리의 내재성이라는 견해, 또 이것과 짝을 이룬 '천직'관이나 인간의 존엄성의 감각이었다. 그리고 앞에서 말한 근세 일본의 근로 윤리관은 이것들과 결부되어 있었던 점에서 쇼산의 그것과는 달랐다.

그런데 이러한 소우주·대우주의 관념에 대해서는 근세 전기의 유학자들이 이미 일정한 위화감을 느끼고 있었다. 예를 들어 야마가 소코는 한편으로는 사람이 '소천지'인 것을 인정하면서도 천지와 인간의 '성'의 차이를 강조하며 천지 작용의 거대한 영묘성에 비해 인간은 거기에 훨씬 못 미친다고 말하고 있다. 인체가 그대로 천지에 필적하는 것이 아니라(그러한 견해가 실은 요시다 신토吉田

神道나 그 영향을 받은 하야시 라잔林羅山에게서도 보인다. 예를 들어 라잔의 〈神道傳受〉 참조) 격물치지格物致知해야 비로소(그것도 간신히) 천지와 나란히 할 수 있다는 것이다(《山鹿語類》권41). 또한 이토 진사이伊藤仁齋는 아직 주자학의 영향이 남아 있는 시기에 이미 사람이 사람다운 이유는 '성'에 있지, "머리가 둥글고 발이 네모나며 말 잘하고 잘 먹는"[84] 데 있는 것은 아니라고 주장한다. 그것은 이윽고 그가 성즉리설性卽理說에 입각한 주자학적 천인상관론을 비판해 갈 때 하나의 계기가 되었다고 생각된다.

더 내려가 오규 소라이는 앞에서 말한 '천' = '불가지' 론과 관련해 "천지의 신묘한 작용은 사람의 인식이 미치지 못하는 것"이라고 하고, "새가 날고 짐승이 뛰고 사람이 일어서거나 앉는 일은 물론이고 그 어떤 구조도 알 수가 없습니다"라고 말하고 있다(《徂來先生答問書》). 중요한 것은 이처럼 인체의 작용이나 그 기구에 대해 '알 수 없다'고 한 것은 인체가 그때까지의 소천지관에서 대상화된 것을 의미한다는 것이다. 사실 사상사적으로 보면 이러한 소라이의 지적은 신체관에서 하나의 전환점을 이루었다. 그러한 작업 위에서 18세기 후반 이후 한편으로는 모토오리 노리나가本居宣長(1730~1801)처럼 신체 활동이나 생리에 대해 자각적으로 그 사실만을 서술하며 유교적 신체관을 비판하는 국학자가 나타났고(《玉勝間》5권), 다른 한편으로는 난학자들에 의해 서양 의학의 신체관이 도입되고 있었기 때문이다.

'예' 사상과 '천' 의 초월

●●● 지금까지는 자연 및 인간(인체도 포함)과 관련된 '천인상관' 의
세 가지 형태를 검토했다. 이 절에서는 자연과 사회 양쪽에서 계층 질
서가 서로 조응한다는 견해를 다루고 싶다. 구체적으로는 '예禮' 를 둘
러싼 여러 가지 문제이다. 뒤이어 그러한 견해와는 대조적으로 사회적
인 상하관계를 상대화하는 '천' 의 문제도 함께 다루기로 하겠다.

'예' 사상의 전개

《서경》〈고요모皐陶謨〉 편에는 "하늘은 (인간 세상에) 제도가 있어
야 한다고 하면서 순위를 정했다. ……하늘은 예가 있어야 한다고
하면서 질서를 정했다"[85]라는 유명한 말이 있다. 이것은 마찬가지
로 〈고요모〉 편에서 "하늘의 일을 사람이 대신하는 것이다"[86]라고
한 것과 결부되어 해석되었다. 즉 인간 사회에 정연한 계층 질서
를 부여하는 '천' 의 일을 인간(천자, 더 나아가서는 위정자 일반)이
대행한다는 것이다. 이러한 점에서 그 관념은 '재성보상' 론의 일
면을 이루고 있었다고 할 수 있다. 다만 앞의 '재성보상' 론에서는
인간이 자연에 적극적으로 작용하는 측면이 중심이 되어 있었다.
그에 반해 여기에서는 사회적 질서의 부여가 문제가 되고 있는 점
이 다르다. 그리고 천인 관계라는 측면에서 말하면 이것은 왕이
정하는 '예' 가 '천' 과 사람 사이에 개재하는 것, 바꿔 말하면 '천'
이 '예' 에 내재화하는 것을 의미했다.

이 점에서 흥미로운 것은 《춘추좌씨전》 〈성공成公 13년조〉(기원전 578)에 인용되어 있는 유자劉子의 다음과 같은 말이다. "나는 '사람은 천지의 중정한 기운을 받아 태어나고 이것을 명命이라 한다' 는 말을 들은 적이 있다. 그래서 사람에게 동작 · 예의 · 위의威儀의 법칙이 있게 되었고, 그것으로 명을 안정시키는 것이다. 유능한 사람은 이 명을 잘 길러 복을 받고 무능한 사람은 이 명을 해쳐 화를 부른다고 한다."[87] 이 구절의 포인트는 '천' 과 각 개인이 직접 교류하는 것이 아니라 '동작 · 예의 · 위의의 규범' 이라는 제도가 양자 사이를 매개한다고 생각하는 점이다. 그리하여 이러한 기준을 사람이 지키는지의 여부에 따라 '천' 으로부터 받은 '명' 이 안정되고, 각 개인의 화복도 갈리게 된다는 것이다. '천' 이 '예' 에 내재화된 상태로 파악되고 있는 것을 알 수 있다. 그리고 이러한 '천' 과 '예' 의 비교 대조 관계를 역전시키면, "예는 선왕이 하늘의 도를 받들어 사람의 감정을 다스린 것이기 때문에 예를 잃는 자는 죽고 예를 얻는 자는 산다"[88]고 한다.

그런데 '예' 는 일반적으로는 상하 수직적인 귀천존비의 차등에 따라 만들어졌다. 더구나 위와 같이 '천' 이 '예' 의 질서에 내재화되어 간다면, 각 개인의 입장에서는 상위자를 따르는 것이 '천' 을 따르는 것을 의미하게 될 것이다. 예를 들어 "하늘은 높고 땅은 낮음을 본받아 군주와 신하의 예를 정하고, 천지 사이의 높고 낮은 형세를 열거해 귀천의 지위가 생기게 되었다"[89]고 말하거나, 또 위의 "하늘은 예가 있어야 한다고 하면서 질서를 정했다" 라는 구절에 대해 고주古注가 "신분이 천한 자가 귀한 자를 섬기고, 지위가 낮은 자가 높은 자를 받들게 했다. 이것은 천도가 그렇게 하게 한 것이다"[90]라고 해석하고 있는 것이 이러한 사정을 잘 나타내고 있다. '군명君命'은 절대적인 것이라는 문맥에서 언급한 "임금은 하늘이다. 하늘로부터 달아날 수 있겠는가"[91]라는 말, '여성'의 '삼종三從'에 관해 언급한 "아버지는 자식의 하늘이고, 남편은 아내의 하늘이다"[92]라는 유명한 말은 모두 이러한 사상을 표현한 것이다. 또 주자가 '예'에 대해 "천리가 절도에 맞게 드러난 것이요, 인간사의 본받아야 할 규범"[93]이라는 유명한 정의를 내리고 있는 것도 이상과 같이 바라보면 잘 이해할 수 있을 것이다. 그리하여 '천'은 귀천존비의 '예'와 결합함으로써, 상하 수직적인 사회 질서에 내재되어 그 전체를 내부에서 정통화하게 되었다.

위에서 살펴본 '예'의 사상은 일본에서도 일찍부터 수용되었다. 쇼토쿠 태자의 〈17조 헌법〉 제3조에 "임금의 명령을 받았으면 반드시 삼가라. 임금은 하늘이고 신하는 땅이다. 하늘로 뒤덮고 땅은 싣고 있다"[94]라고 되어 있는 것은 잘 알려진 예이다. 그리고 근세 일본에서도 위에서 인용한 《춘추좌씨전》이나 《예기》, 《의례》〈상복〉 편의 말이 자주 비교 대조되었다. 예를 들어 근세 초기의 하야시 라잔林羅山(1583~1657)은 위의 〈예운〉 편과 〈악기〉 편의 말을 결부시켜 "하늘의 도를 받든다는 것은 하늘은 존귀하고 땅은 비천하며 하늘은 높고 땅은 낮아 상하의 차별이 있듯이 사람의 경우에도 또한 임금은 귀하고 신하는 천하다는 것이다"라고 말하고 있다(《春

鑑少》). 막부 말기의 사쿠마 쇼잔佐久間象山(1811~1864)도 "귀천존비의 차등은 천지의 본래 모습이며 예禮의 대경大經에도 이렇게 되어 있다"라고 말한 적이 있다(文久 2년, 막부에 보내기 위해 당시 정치에 관해 쓴 상신서). 그 밖에 아라이 하쿠세키新井白石(1657~1725), 호소이 헤이슈細井平洲(1728~1801), 히로세 단소 등은 모두 군주·부친·남편이 신하·자식·아내에게 '천'임을 강조하고 있다(相良亨, 〈日本の天〉, 《文學》 제55권 12호, 1987 참조). 그리고 유교가 근세 일본에서 하나의 유력한 세계상으로 유포된 배경에는 확실히 이러한 '예'의 사상이 막번제幕藩制 신분제 사회의 형태에 적합했다는 사정이 있었을 것이다. 즉 '천'은 '예'의 사상을 매개로 함으로써 단순히 도쿠가와 일가의 정치적 지배를 정통화하는 데 그치지 않고 막번제 신분제 사회 일반을 정통화하는 역할도 수행했다.

천에 의한 상하 관계의 상대화

이상의 것들은 선학들에 의해 이미 지적되어 온 바 그대로이다(丸山眞男의 앞의 책 등을 참조. 다만 주자학이 근세 초기의 막부에 의해 체제교학體制敎學으로 채용된 것이 아니라는 것은 尾藤正英, 《日本封建思想史研究》, [靑木書店, 1961] 등이 지적하는 대로이다). 그러나 다음에서는 오히려 '천'이 지니고 있던 이러한 성격과 대립되는 측면에 주의를 기울이고 싶다. 그것은 특히 '안민'이라는 정치적 가치의 실현이 문제가 될 때 군신의 상하 관계가 '천'의 권위에 의해 상대화될 수 있었다는 것이다. 즉 신하는 군주를 섬기고 있지만 그와 동시에 실은 군주와 함께 '천'도 섬기고 있다는 관념이다.

예를 들어《맹자》에는 다음과 같은 논의가 있다. 왕공王公은 현자인 친구에 대해 "하늘이 준 작위를 함께 누리고, 하늘이 준 직분을 함께 수행하며, 하늘이 내린 봉록을 함께 먹어"[95]야만 왕공에 적합한 '존현尊賢'이라고 할 수 있다는 것이다. 이러한 현자는 왕공의 협력자로서 '천' 앞에서 왕공과 거의 대등한 지위에 있다고 할 수 있다.

이미 살펴보았듯이 원래 '천'은 은주 혁명 때 은나라를 무너뜨린 주나라가 자신의 권력을 정통화하기 위해 이용한 이념이었다. 거기에서는 신구 두 세력이 '천' 앞에서 일단 대등화되고, 그런 가운데 자격이 있는 자가 새로이 '천명'을 받아 왕위에 오른 것으로 여겨졌다. 관점을 바꾸면 그것은 '안민'을 위해 '천'이 이전의 군신 관계를 상대화한 것을 의미할 것이다. 주나라 무왕은 은나라의 신하였기 때문이다. 그런 한에서는 '천'은 일종의 평등주의적인 기능을 했다고 할 수 있다. 그리고 위와 같은 맹자의 논의는 전국 시기의 하극상적인 상황을 배경으로 '천'의 평등주의적인 일면이 소생했다는 것을 보여 주는 것이다. 그가 혁명과 방벌을 공공연히 긍정한 것은 이것과 무관하지 않았을 것이다. 《맹자》에 나타나는 '천'의 복잡성이라는 관심에서 보더라도 이 점은 흥미롭다.

그런데 한당대漢唐代의 경서의 해석에서도 똑같은 '천'의 용례가 보인다. 예를 들어《서경》〈입정立政〉편은 하나라의 우禹가 널리 천하의 현자들을 불러들여 정치에 힘쓴 일에 대해 "훌륭한 사람을 불러들이고 상제를 존숭한 것이다"라고 표현하고 있지만, '전傳'은 그것을 "함께 상천上天을 존숭하고 섬긴 것이다"라고 해석하고 있다. 그리고 《상서정의尚書正義》에 의하면 그것은 다음과 같은 것을 의미했다. 정치란 천자가 상천을 섬기는 일이며, 현명한 신하가 그것을 분담하고 있는 이상 천자는 그와 함께 상천을 섬기는 것이 된다는 것이다(앞에서 인용한 《맹자》의 '존현'도 고주古注는 똑같이 해석하고 있다). 거꾸로 말하면 현명한 신하는 천자와 함께 '천'을 섬기고 있는 것이 될 것이다.

시대가 내려가면 남송의 주자가 지은 《대학혹문大學或問》에는 다음과 같은 문답이 있다.

물음: '밝은 덕을 천하에 밝히는' 것은 '천자와 제후'가 주관해야 할 일이고, 경대부卿大夫 이하에게는 직분을 넘어선 행위가 아닌가.

답: "하늘의 밝은 명령은 생명이 있는 존재가 동일하게 받는 것이다", 따라서 "혹은 힘이 천한 필부에게 있다고 하더라도 그 임금을 요순으로 만들고 그 백성을 요순으로 만드는 까닭이 아직 일찍이 그 직분 안에 없었던 적이 없기 때문이다."

즉 누구나 '천'으로부터 '본연本然의 성'을 받고 있는 이상, 그 것을 타인보다 먼저 개발한 사람은 신분이 어떻든 지금 세상을 요순의 세상으로 만들려고 노력하는 것이 당연하다는 것이다. '천' 이 상하의 '직분' 질서를 상대화하고 뜻이 있는 필부의 위치를 현

저히 높이고 있는 모습을 엿볼 수 있다. '예'를 강조한 주자에게
이런 면이 있었다는 것은 중요하다.

또한 명말明末의 황종희黃宗羲(1610~1695)도 《명이대방록明夷待訪
錄》에서 '신하'도 '임금'과 마찬가지로 '천하 만민'을 위해 마련된
것이며, 그런 점에서 "신하와 임금은 이름은 다르지만 실질은 같
다"[96]고 강조하고 있다. 신하는 군주의 노예가 아니라 '천하의 책
무'라는 정치 책임을 매개로 간접적으로 결합되어 있는 데 지나지
않는다. '천하'와 관계되지 않는 한 신하에게는 군주는 아무 관계
도 없는 생판 남이라는 것이다. 주자의 경우 이상으로 '천'이 단적
으로 군신을 대등한 관계로 만들고 있다고 할 수 있다.

주의하고 싶은 것은 이러한 '천'의 일면이 근세 일본의 유학에
도 나타나 상하 수직적인 인간 관계를 상대화하는 하나의 계기를
제공해 주고 있었다는 점이다. 예를 들어 가이바라 에키켄貝原益軒
은 "무릇 국토와 인민을 관장하고 다스리는 사람은 각기 그 주군
으로부터 명령을 받지만, 실은 하늘이 그 자리에 앉혀 준 대관代官
이다. 그래서 천직이라고 한다"고 말하고 있다(《君子訓》 상). 특히
이 계기를 발전시킨 것은 오규 소라이이다. 그는 《논어》 말미의
"천명을 알지 못하면 군자가 될 수 없다"[97]는 문장을 해석하면서
다음과 같이 말하고 있다. "천명을 받아 천자가 되고 공경公卿이
되며 대부大夫와 사士가 된다. 그러므로 그 학문과 그 정치는 천직
이 아닌 것이 없다. ……군주의 명령을 받고 기뻐하는 자는 사람
아래에 있는 자이다. 군자는 그렇지 않다. 명령을 하늘로부터 받

아 선왕의 도를 전하기 때문이다."[98]

즉 '천자' 이하 '사'에 이르기까지 위정자층을 형성하는 군자는 직접 '천명'을 받고 '천직'(통치)의 담당자로서 이 세상을 살아가고 있다. 그런 점에서 '군주의 명령'을 받고 기뻐하는 피치자와는 다르다는 것이다. 그렇다면 위정자층 가운데에서 가장 하위에 있는 '사'도 '치국평천하治國平天下'의 일에 관여하는 한은 '천자'와 대등하다는 것이 된다. 사실 쇼군 도쿠가와 요시무네에게 제출한 《세이단政談》에서 소라이는 통치하는 일은 "상층부의 사사로운 일이 아니다. 하늘로부터 명 받은 직분이다." 그래서 "아랫사람이라 하더라도 정무와 관련된 일을 말할 때에는 잠시 동안 윗사람과 동료가 된다"고 강조하고 있다(권3). 소라이에게는 '천직'이라는 이념이 군주에 대한 '사'의 독립성과 대등성을 지탱해 주고 있었다고 할 수 있다(田原嗣郎, 《徂徠學の世界》, 東京大學出版會, 1991 참조).

필자의 개인적인 의견에 의하면 '천'(내지는 그 의미 연관으로서의 '도'나 '리理')이 갖고 있는 이러한 평등주의적 기능을 막부 말기에 가장 적극적으로 전개한 것은 요코이 쇼난이었다. 그는 원래 소라이의 학문도 가까이하고 있었지만, 히고번肥後藩의 덴포天保 개혁의 실패를 계기로 주자학자로서의 자신을 형성했다. 그러나 페리 Matthew Calbraith Perry의 내항 후 서양의 정치·사회에 대한 이해가 깊어짐에 따라 '천리天理'라는 주자학의 이념만으로는 만족할 수 없게 되어 '천제天帝'라는 인격신의 관념을 주장하기에 이르렀다. 거기에서는 명확히 기독교의 영향이 엿보인다. 그러나 그의 주관에 따르면 그것은 바로 유교의 전통 속에 있는 인격신의 관념을 다시 활성화시킨 것이었다. 앞에서 언급한 그의 '외천경국'은 이러한 이념에 의해 뒷받침되고 있었다. 그리고 그에게 보이는 '천'의 계층 질서로부터의 탈피가 이윽고 후쿠자와가 주장한 평등주의적인 '천'의 이념을 가능하게 했다. 다음에서는 이 점에 대해 살펴보기로 하겠다.

막부 말기의 보편평등주의와 특수주의

요코이 쇼난의 평등주의

그런데 쇼난의 평등주의적인 관점은 그의 '붕우 강학朋友講學의 정의情誼' 관과 '학교' 관에 잘 나타나 있다(《學校問答書》 '嘉永五' 참조). 사상사적으로 보면 그것은 앞에서 언급한 소라이나 주자의 입장, 또《춘추좌씨전》에서 보이는 학교를 둘러싼 일화(襄公 31) 등을 혼연일체화해 만든 것이라고 할 수 있다. 그에 의하면 그가 이상으로 삼고 있는 요순 삼대(하·은·주) 시대에는 조정에서는 군주와 신하 사이에 서로 주의를 주는 일이 행해지고, 각자의 집안에서도 부자·형제·부부 사이에 서로 선행을 권하고 잘못을 선도하는 일이 이루어지고 있었다. 게다가 위정자층의 이러한 활발한 상호 비판의 기풍이 인민층에도 침투해 "거국적으로 가가호호 어디에서나 강학"이 행해지게 되었다고 한다. "이것은 신분을 말하면 군신·부자·부부라는 (상하) 관계에 있지만, 도가 행해지는 장면에서는 (대등한) 붕우끼리 강학하는 정의情誼로 이른바 학문과 정치는 하나이지 둘이 아니라는 것은 이것을 말하는 것"이기 때문이다.

즉 삼대 당시의 사람들은 신분상으로는 상하 관계에 있어도 '도'가 문제가 되는 곳에서는 대등한 붕우로서 서로 강습하고 있었다. 그리하여 천하 전체에 걸쳐 도처에서 강습과 토론이 무수히 행해지고 있었다는 것이다. 정치와 학문은 이러한 강습 토론의 정신을 공통의 기반으로 삼고 있었다. 다만 직무의 유무에 따라 정부와 학교가 나누어져 있었던 것에 불과하다는 것이다. 여기에는 마치 의원 내각제에서의 행정부와 의회의 관계를 방불하게 하는 견해가 있다. 그리고 이것이 매개체가 되어 나중에 그는 영국, 미국 등 구미의 정체政體를 높이 평가하게 된다. 막부 말기 유신기의 이른바 공의여론公議輿論 사상은 이러한 쇼난의 사상이 하나의 원류를 이루고 있었다.

이 책에서 주목하고 싶은 것은 그의 '도'의 이념이 단순히 군신뿐 아니라 부자나 부부와 같은 상하 관계까지도 상대화시키고 있다는 것이다. 대등성의 관점이 (그것을 '군자'에 한정시킨) 소라이 이상으로 일반화되어 있다고 할 수 있다. 실제로 쇼난은 "사·농·공·상과 의사는 그 직업은 다르지만 적어도 도를 배우는 사람은 모두 사士이다"라고 주장하고 있다《內藤泰吉に告ぐる語》. '도' 앞에서 세상의 신분 질서는 상대화되고 '사'에 새로운 의미가 부여되고 있는 것이다. 그리고 이러한 관점이 대외적인 면에 적용될 때

전통적인 화이華夷 관념이 상대화되는 것은 당연한 일일 것이다. "도가 있는 곳은 외이外夷라 하더라도 중국이다"라고 그가 말하며 바야흐로 서양과 일본·중국이 이런 점에서 입장이 역전되었다고 강조하고 있는 것이 이러한 점을 보여 주고 있다《橫井氏說話》.

그렇다면 쇼난이 말하는 '도'는 무엇일까? "도는 천지자연의 도로, 즉 내 가슴속에 갖추어져 있는 인仁이라는 한 글자"《沼山對話》, "천지의 모든 생물의 어진 마음[仁心]"《夷虜應接大意》, "하늘과 땅 사이에서 혹독한 고통을 주는 것으로 살육 이상 가는 것은 없기 때문에 하늘의 뜻에 따라 이 세상의 전쟁을 종식시키는 것을 책무로 한다"《國是三論》 등의 말이 그것을 보여 주고 있다. 즉 '하늘의 뜻'으로서의 '인仁'(세계 평화나 복리후생을 포함한 사람들의 이타 행위)이 '도'의 내용으로 여겨졌다. 그리고 이러한 '인'을 대규모로 실현시키는 수단으로 앞에서 언급했듯이 서양 과학기술의 채용이 제창되었다. 그의 유명한 말, 즉 "요·순·공자의 도를 밝히고 서양 기계의 기술을 최대한 활용하면 어찌 부국에 그치겠는가? 어찌 강병에 그치겠는가? 대의를 사해에 널리 펼 뿐이다"[99]라는 것은 이것을 응축해 표현하고 있다. 여기서 '대의'는 인간에게 내려진 '천제'의 명령이며, 그 구체적인 내용은 '교역'을 중심으로 한 '인'의 실천으로 생각해도 무방하다. 즉 '도'나 '천'의 보편평등주의적인 재해석하에서 원래 유교에서 차별애를 의미했던 '인'이 쇼난에서 박애주의적으로 해석되고 있었던 것이다. "중화와 이적夷狄, 이편저편의 차별 없이 모두 똑같은 인류라면, 서로 교통하며 교역의 큰 이익이 전체에 미치게 하는 것이 오늘날 자연의 추세이다"(〈沼山對話〉)라고 하는 그대로이다.

이렇게 볼 때 요코이 쇼난에서는 '천'의 이념이 단지 군신 관계뿐만 아니라 상하의 신분 관계 일반, 더 나아가서는 국가 관계까지도 초월해 그것들을 상대화·평등화하고 있다는 것을 알 수 있다. 이러한 쇼난의 '도'나 '천'의 이념이 이윽고 후쿠자와 유키치나 자유민권파의 '천'을 가능하게 하는 사상사적 지평을 개척했다(졸고 〈主體·天理·天帝―橫井小楠の政治思想〉 2, 《社會科學研究》 25권 6호, 東京大學 社會科學研究所, 1974; 졸고 〈橫井小楠の'儒敎'思想〉, 《江戶の思想家たち》 하, 硏究社出版, 1979 참조).

모토오리 노리나가의 '천'의 부정

그런데 모토오리 노리나가本居宣長는 막말의 쇼난이 이러한 획기적인 '천' 사상을 전개하기 약 반세기 전에 철저한 '천'의 부정을 감행하고 있었다. 즉 말년(18세기 말에서 19세기 초)에 완성한 《다마카쓰마玉勝間》에서 그는 다음과 같이 말하고 있다(1권 〈漢意〉). "중국에서는 대개 인간의 화복禍福이나 국가의 치란治亂 등 세상의 모든 일은 하늘이 하는 일로 보고 천도·천명·천리 등을 말하며, 하늘을 더없이 존귀하고 두려운 존재로 여기고 있다. 이것은 모두 중국에는 (일본에 전해진) 진정한 도가 전해지지 않아 모든 것은 (《古事記》가 말하는 의미에서의) 신의 마음과 행위에 의해 일어난다는 것을 (중국인은) 모르기 때문에 그들이 함부로 (신 대신 하늘을) 날조해 말한 것이다. 원래 하늘은 (《古事記》가 말하듯이) 단지 천신들이 계시는 나라에 지나지 않으며(즉 지리적 공간에 지나지 않으며) 마음이 있는 것(살아 있는 것)이 아니기 때문에 (중국의 고전에서 말하는 것과 같은) 천명이라는 것은 있을 리가 없다", "또 태극·무극·음양·건곤·팔괘·오행 등등 야단스럽고 과장되게 말하는 것들도 (실은) 단지 중국인들의 사사로운 근거 없이 꾸민 말일 뿐, 실제로는 그런 도리는 없다."(여기서 노리나가는 소라이가 '음양', '오행'은 성인이 자연이나 사물을 관찰하고 정리하기 위해 만들어 낸 인식 틀이라고 한 것을 이어받아 그것을 유교 비판에 역이용하고 있다. 졸저《改訂版·日本政治思想史—近世を中心に》 참조). 14권 〈天〉에서도 "또 천지가 (유교가 말하는 것처럼) 만물을 생육하는 것으로 생각하는 것도 잘못된 것이다. ……천지는 단지 신께서 만물을 생육하시는 장소일 뿐이다"라고 강조하고 있다(즉 천지는 단순한 지리적 공간일 뿐, 살아있는 것이 아니라는 것이다).

즉 노리나가에 의하면 '천'은 천신들이 있는 '나라[御國]'를 가리키고, '천지'는 신이 만물을 생육하는 장소를 말한다. '천'에 마음이나 행위, 도리가 있는 것도 아니고, '천지'가 사물을 낳는 것도 아니다. '천리', '천명', '천도', '음양', '오행', '태극' 등은 모두 '중국'에는 진정한 도가 전해지지 않았기 때문에 그 나라 사람들이 날조한 것에 지나지 않는다. 그리고 중국에서 '천'에 귀착시키고 있었던 사람의 화복, 국가의 치란, 그 밖의 모든 일은 실제로는 신들의 작용에 의한 것이라고 한다.

이러한 노리나가의 주장은 정치, 도덕, 운명, 자연 인식 등의 측면에서 그때까지 '천'이 수행하고 있었던 역할을 근본적으로 부정하고 있다. 그런 점에서는 이것도 또한 도쿠가와 사상사에서 하나의 획기를 이루었다고 말해도 무방하다. 유교의 육경 대신 그가 《고지키古事記》를 비교 대조의 기준으로 삼은 것이 이러한 차이를 낳은 것이다. 그리고 이러한 '천'의 부정은 중국 상대사上代史의 문맥으로 치환하면, 은주 혁명을 통한 종교 의식의 합리화가 다시 부정되고 주왕조의 '천'을 대신해 은왕조의 '제帝' 신앙이 부활하는 것을 의미했다. 사실 노리나가는 '은나라 사람들'이 귀신을 믿고 받든 데는 공명하는 반면에(1권 〈漢國に殷人鬼神をたふとむといへる事〉), "후세와 같이 자신의 마음으로 사물의 이치를 헤아리고 정하는 것은 대체로 주공周公 단旦이라는 영리한 체하는 사람으로 인해 그런 풍조에 아주 익숙해지게 되었다" 하고 주공을 비난한다(권14 〈卜筮〉). 그가 인간은 신의 꼭두각시에 불과하다고 말하는 것도 은나라 사람들이 주술을 통해 얻은 신의 뜻에 따라 행동한 것과 부합한다.

　　중요한 것은 이러한 '천'의 부정이 정치적으로는 일본이라는 특정 공동체를 초월한 보편적 가치 기준을 부정하는 것으로 이어진 점이다. 노리나가가 일본을 세계의 조국祖國이라고 말하고, 그 증거로 신화 시대 이래 (아마테라스 오오카미의 신칙神勅대로) 천황의 통치가 이어지고 있는 것을 든 것이 이러한 점을 잘 보여 주고 있다. 그리고 이러한 특수주의적인 관점은 막부 말기의 많은 존양격파尊

攘夷派[100]의 지사志士나 후기 미토水戸학자들에 의해 공유되었다. 구루메久留米의 신관神官인 마키 이즈미眞木和泉(保臣, 1813~1864)가 '우내일제宇內一帝'를 내건 것이 그 한 예이다. 이미 소개한 2차 세계대전 전의《신민의 길》이 이러한 특수주의의 관점을 계승하고 있었다는 것도 두말할 나위 없는 사실이다.

이렇게 볼 때 막부 말기의 일본에서는 한 쪽의 쇼난으로 대표되는 보편평등주의적인 '천'의 이념과, 다른 한 쪽의 그것을 부정하고 '아마테라스 오오카미'의 '일본' 유지·확장을 가치 기준으로 삼는 견해가 격렬히 싸우고 있었다는 것을 알 수 있다. 각각이 의거하고 있는 비교 대조 기준에 입각해 말하면 그것은 '요순 삼대'와 일본의 '신화 시대'의 싸움이었다. 비유적으로 말하면 '주나라'와 '은나라'의 투쟁이기도 했다. 열린 정신과 닫힌 정신의 대립이라고 말해도 무방하다. 그리고 이 책을 통해 검토해 온 우리에게는 메이지유신이 하나의 정신 혁명이 될 수 있었던 것은 새로운 '천' 이념의 탄생에 의한 것이라는 것이 분명해졌을 것이다.

옮긴이의 글

옮긴이가 한림대학교 한림과학원 인문한국사업단으로부터 이 책의 번역을 의뢰받은 것은 2011년 1월의 일이다. 이 책의 저자인 히라이시 나오아키平石直昭 교수와는 지금으로부터 약 10년 전쯤에 이분이 성균관대학교에서 열린 심포지엄에 참석차 한국을 방문했을 때 현재 고려대학교 정치외교학과 교수로 계시는 박홍규 선생님과 함께 뵌 적이 있었기 때문에, 의뢰를 받는 순간 뭐라 말로 표현할 수 없는 숙명적인 인연 같은 것을 느꼈다. 더구나 옮긴이가 평소에 많은 관심을 갖고 있던 동아시아의 주요 개념 중의 하나인 '천天'을 주제로 집필된 책이라는 점에서 이 책은 내가 꼭 번역해야겠다는 마음이 절로 들었다.

그로부터 어느덧 2년이 넘는 세월이 흘렀다. 책 자체는 분량이 많지 않기 때문에 번역의 초고는 비교적 빨리 완성할 수 있었다. 그 후 번역 결과물에 대한 수개월에 걸친 심사 과정과 교정 및 일 년이 넘는 윤문 과정을 거쳐 이 책이 비로소 세상의 밝은 빛을 보게 되었다. 그 과정 속에는 옮긴이가 번역의 정확성을 꾀하고 저자가 이 책을 쓰게 된 경위나 문제 의식의 출발점 및 강조점 등을 확인하기 위해, 또 근세 일본사상가들이 쓴 한문 원전을 확인하기 위해, 수차례에 걸쳐 히라이시 교수와 메일을 직접 주고받은 시간도 포함되어 있다.

도쿄東京대학 명예교수인 히라이시 나오아키는 전후의 일본정치사상사 학계를 이끈 거장인 고故 마루야마 마사오 도쿄대학 명예교수의 학통을 비판적으로 이어받은 적통 후계자 중 한 사람이다. 그는 1968년에 도쿄대학 법학부를 졸업한 후 같은 대학 사회과학연구소 조수助手 및 치바千葉대학 인문학부(나중에 법경法經 학부로 변경) 조교수를 거쳐 도쿄대학 사회과학연구소 교수를 역임했으며, 2007년 정년퇴임한 후 현재 데쿄帝京대학 문학부 교수로 재직 중이다.

그의 연구 분야는 일본정치사상사이지만 그의 학문의 특징은 일본 사회나 그 근대화의 특질을 서구나 아시아와의 비교를 통해 연구하는 그만의 방법론에 있다. 그는 도쿄대학 사회과학연구소 재임 시절을 회고하는 자리에서 자신의 연구 활동을 다음의 세 가지로 요약한 바 있다. 첫째는 전문 분야에 관한 기초 연구로서 주로 근세 일본의 정치사상사와 관련해 이토 진사이伊藤仁齊, 오규 소라이, 모토오리 노리나가 등 주요 사상가의 연구를 통해 새로운 전체상을 묘사한 점이다. 그는 소라이학徂徠學에 대해 새로운 견해를 제시하거나 도쿠가와 사상사의 전체상을 제시한 점 등을 그 성과로 들고 있다. 둘째는 다양한 사료를 섭렵해 일정한 관념이나 이념의 발생 및 전개와 변질을 역사적으로 연구하는 것이다. 일본 자본주의의 정신적 원류는 무엇인가 하는 문제를 제기하며 일본 사회의 독특한 '회사주의'나 '가업'의 문제를 다루고, 거기에서 일본의 직업관이나 근로 윤리의 특질을 중국과의 비교라는 시점 에서 연구했다. 이를 통해 근로 윤리와 도덕 윤리는 구별해야 한 다는 점 등을 도출해 낸 것이 하나의 성과이고, 근대 일본의 아시 아주의에 대한 관심을 '패권'이나 '지역 질서 구상' 등의 분석 시 점을 투입함으로써 보다 구체화시킨 것이 또 하나의 성과이다. 셋 째는 같은 연구소 소속의 정치학 전문가들과의 공동 연구의 일환 으로 정치학 입문서를 만드는 계획이 세워졌는데 그에게는 비서 구권의 정치나 그 이념에 대해 집필하는 역할이 주어졌다고 한다. 이 계획은 결국 실현되지 못했지만 이때 동아시아 정치의 정통성 의 근거에 대해 생각하지 않을 수 없게 되었는데, 그것이 하나의 준비 작업이 되고 그 성과로서 정리된 것이 바로 이 책, 즉 《천》이 라고 한다(이상은 도쿄대학 사회과학연구소 홈페이지에 공개된 〈자기 점검·자기 평가 보고서〉 참조).

이렇듯 이 책은 위에서 설명한 저자가 도쿄대학 사회과학연구 소에 재임하던 시절 다년간의 연구 활동의 축적을 통해 집필된 결 과이다. 그렇다면 이 책이 제시한 문제 의식의 출발점이나 강조점 은 어디에 있을까? 이 점에 대해서는 저자의 육성을 직접 들어 보 자. 아래의 문장은 위에서 언급했듯이 옮긴이가 저자와의 이메일 을 통해 직접 확인한 내용이다.

《천》을 집필할 때의 직접적인 문제 의식은 이 책 첫머리의 〈지금 왜 '천'인가〉에서 언급한 대로입니다. 막부 말기 유신기에서 메이지 시기 전반前半에 걸쳐 생생한 사상적 생명을 지니고 있던 보편평등주의적인 '천'의 개념이 일본의 근대화 과정을 통해 서서히 상실되고, 1940년대에 문부성이 발행한 《신민의 길》이나 《국체의 본의》에서는 '천'이라는 보편적 이념이 결여된 특수주의적인 '국체' 관념이 사람들의 의식을 속박함으로써 무모한 침략 전쟁의 길로 돌진하게 만들었다는 것이 요점입니다(〈교육칙어의 문제〉 등도 참조).

이러한 지적의 배후에는 2차 세계대전 후의 일본이 남바라 시게루南原繁나 마루야마 마사오 등의 언설에서도 보이듯이, 근대 일본이 겪어 온 역사적 경위에 대한 반성적 입장에 서서 기본적 인권이나 정의나 박애와 같은 보편적 이념에 입각해 국가를 재건할 것을 요구받았지만, 전후 50년을 거치며 우리도 모르는 사이에 다시 전전戰前의 국체론적 입장으로 돌아가고 있는 것은 아닌가 하는 걱정과 두려움이 있었습니다. 당시에 보인(그리고 지금도 보이고 있는) 이러한 특수주의적인 경향에 대해 막말 유신기의 '천'이 지니고 있던 사상적 의미를 밝힘으로써 사상적 저항의 거점으로 만들어 보려는 의도도 있었습니다(이 책을 간행하기 일 년 전에 저는 패전 후 이 년간의 일본의 잡지나 신문에 실린 논문을 소재로 〈이념으로서의 근대 서양理念としての近代西洋〉이라는 제목의 논문을 쓴 적이 있습니다. 함께 읽어 보시면 이 책을 이해하는 데 도움이 될 것입니다. 中村政則 등 편, 《戰後日本・占領と戰後改革 3・戰後思想と社會意識》, 岩波書店, 1995 초판, 2005 新裝版).

아울러 이 책에서 중요한 위치를 차지하고 있는 것은 요코이 쇼난입니다. 그는 제가 조수 논문의 주제로 잡은 이래, 제게는 커다란 의미를 갖는 사상가입니다. 어떤 의미에서 이 책은 이 인물이 막부 말기의 일본에 출현한 배경을 은주 혁명 이래의 '천'의 사상사의 자취를 더듬어 연구하는 형태로 분석해 보았다는 성격을 지니고 있습니다. 이 점과 관련해서는 졸고 〈주체·천리·천체—요코이 쇼난의 정치사상〉(2)와 〈요코이 쇼난의 '유교' 사상〉을 참조하시기 바랍니다.

그 밖에 미나모토 료엔源了圓 편, 《요코이 쇼난》(별책《環》17, 藤原書店, 2009)에 수록되어 있는 졸고 〈오오쓰카 다이야 학파의 주자학 사상—쇼난 주자학파의 관련하에서大塚退野學派の朱子學思想—小楠朱子學との關連で〉나, 같은 책에 실려 있는 좌담회에서 제가 한 발언도 참조하면, 제가 쇼난의 정신 혁명을 어떻게 이해하고 있는지 알 수 있을 것입니다.

'천'이라는 삼천 년이 넘는 동아시아의 장구한 세월을 짊어진 개념의 역사를 밝히고자 하는 이 책은 경이로울 만큼 그 내용이 매우 간결하다. 그러나 저자가 독자에게 전달하려고 하는 메시지는 매우 강렬하다. 그가 이 책에서 문제 의식으로 삼고 있는 것은 다름 아닌 현재 일본의 정치적 문제였다. 즉 1940년대에 일본 문부성이 발행한 《신민의 길》이나 《국체의 본의》에서 보이는 것과 같은 '천'이라는 보편적 이념이 결여된 특수주의적인 '국체' 관념, 그리고 그러한 특수주의적인 경향이 이 책의 집필 당시 일본인도 '모르는 사이에' 서서히 부활하고 있는 암울한 현실, 이 책의 저변에는 이러한 현재적 문제를 비판하고 그에 저항하는 하나의 사상적 거점을 만들고자 했던 저자의 매우 강렬하고도 원대한 의식이 깔려 있다. 그는 이 거점의 단서를 요코이 쇼난이라는 사상가와 '천'이라는 개념에서 찾았고, 이러한 인물이 막부 말기에 왜, 어떻게 출현했는지 그 배경을 학문적·객관적으로 밝히기 위해 결국은 그 시원에 해당하는 중국의 은주 혁명기까지 거슬러 올라가야 했다. 그리고 그의 이러한 문제 의식과 의도는 이 책을 통해 충실히 구현되었다고 해도 과언이 아니라고 옮긴이는 생각한다. 한국의 독자들도 이 책을 통해 '천' 개념의 동아시아적 전개와 저자의 통렬한 지적 성찰을 만끽할 수 있는 기회를 꼭 얻었으면 하는 것이 옮긴이로서의 간절한 바람이다.

끝으로 이러한 훌륭한 책을 번역할 수 있는 기회를 주신 한림대학교 한림과학원 인문한국사업단 관계자 분들, 또 공사다망한 와중에도 꼼꼼한 심사로 지도와 편달을 아낌없이 해주신 두 분의 심사위원님, 그리고 번역문 전체를 깔끔하게 윤문해 준 푸른역사 편집부에 이 자리를 빌려 감사의 마음을 전한다.

2011년 11월 25일 수원 매탄梅灘 우거寓居에서

이승률

주석

1 에도 시대 초기에 서민들의 오락이나 계몽용으로 읽기 쉬운 일본식 표음 문자인 가나로 쓴 모노가타리物語 소설류의 통칭.

2 에도 시대 중기 이후에 일어난, 서민 생활의 규율화와 교화를 목적으로 한 사상 운동. 이시다 바이간石田梅岩(1685~1744)이 유교·불교·신토神道를 융합한 심학(마음으로 반성하고 몸으로 실천한다는 뜻)을 처음으로 주창했다.

3 《書經》, 〈蔡仲之命〉, "皇天無親, 惟德是輔".

4 《書經》, 〈召誥〉, "嗚呼, 皇天上帝, 改厥元子, 茲大國殷之命, 惟王受命".

5 《書經》, 〈召誥〉, "天亦哀于四方民, ……命用懋".

6 《書經》, 〈多士〉, "我聞曰, 上帝引逸, 有夏不適逸".

7 《書經》, 〈多士〉, "厥惟廢元命, 降致罰, 乃命爾先祖成湯革夏".

8 《孟子》, 〈萬章上〉, "天視自我民視, 天聽自我民聽".

9 《春秋左氏傳》, 〈襄公 31년조〉, "民之所欲, 天必從之".

10 《書經》, 〈太甲下〉, "惟天無親, 克敬惟親".

11 《孟子》, 〈離婁上〉, "天命靡常".

12 《周易》, 〈革卦·彖傳〉, "天地革而四時成. 湯武革命, 順乎天而應乎人. 革之時大矣哉".

13 《孟子》, 〈萬章上〉, "唐虞禪, 夏后·殷·周繼, 其義一也".

14 《孟子》, 〈萬章上〉, "天子不能以天下與人. ……堯薦舜於天, 而天受之. 暴之於民, 而民受之".

15 《禮記》,〈禮運〉, "大道之行也, 天下爲公".

16 《孟子》,〈梁惠王下〉, "於傳有之".

17 《孟子》,〈梁惠王下〉, "賊仁者謂之賊, 賊義者謂之殘, 殘賊之人謂之一夫, 聞誅一 夫紂矣, 未聞弑君也".

18 《孟子》,〈盡心下〉, "民爲貴, 社稷次之, 君爲輕".

19 기기記紀는 《古事記》와 《日本書紀》를 가리킨다.

20 《孟子》,〈萬章上〉, "天無二日, 民無二王", "普天之下, 莫非王土, 率土之濱, 莫非 王臣". 이 책에서는 앞의 문장을 "天に二日なく、地に二王なし"라고 해 '地'로 쓰고 있지만, 《맹자》 원문은 '民'으로 되어 있다.

21 "國非二君, 民無兩主. 率土兆民, 以王爲主"; "所任官司, 皆是王臣"《日本古典文 學大系 日本書紀 · 下》, 岩波書店, 185쪽).

22 "是故. 兼併天下. 可使萬民. 唯天皇耳"《日本古典文學大系 日本書紀 · 下》, 岩波書店, 293쪽).

23 《書經》,〈召誥〉, "今天其命哲, 命吉凶, 命歷年. 知今我初服, 宅新邑. 肆惟王其疾 敬德. 王其德之用, 祈天永命".

24 《書經》,〈多士〉, "爾克敬, 天惟畀矜爾";〈多方〉, "天惟畀矜爾".

25 《詩經》,〈小雅 · 小弁〉, "我獨于罹. 何辜于天. ……天之生我, 我辰安在".

26 加納喜光, 《詩經下》, 學習研究社, 1983, 163 · 165쪽.

27 《論語》,〈顏淵〉, "死生有命, 富貴在天".

28 《論語》,〈雍也〉, "命矣夫, 斯人也而有斯疾也".

29 《論語》,〈述而〉, "天生德於予".

30 《論語》,〈憲問〉, "不怨天, 不尤人, ……知我者其天乎".

31 《書經》,〈湯誥〉, "天道福善禍淫".

32 《書經》,〈伊訓〉, "惟上帝不常. 作善降之百祥, 作不善降之百殃".

33 《易經》,〈坤卦〉,〈坤卦文言傳〉, "積善之家, 必有餘慶. 積不善之家, 必有餘殃".

34 《書經》,〈洪範〉, "次九日嚮用五福, 威用六極".

35 《墨子》,〈法儀〉, "天必欲人之相愛相利, 而不欲人之相惡相賊也".

36 《墨子》,〈法儀〉, "天下無大小國, 皆天之邑也. 人無幼長貴賤, 皆天之臣也."; "莫
不 …… 敬事天".

37 《墨子》,〈法儀〉, "愛人利人者, 天必福之, 惡人賊人者, 天必禍之".

38 《論語》,〈雍也〉, "博施於民而能濟衆".

39 원료범袁了凡의 본명은 원황袁黃(료범了凡은 자字)이며 명대 만력萬曆 연간의
진사進士이다. 지현知縣으로서 선정을 베풀었다. 음즐은 하늘이 암암리에 은
밀히 인민을 돕거나 복을 내리는 것을 말한다. 《서경》〈홍범〉 편의 "惟天陰騭下
民"이 전거이다. 다른 말로는 '음덕陰德'이라고 한다. 다른 사람에게 음덕을 베
풀 것을 권유하는 글을 '음즐문'이라고 하는데, 원료범이 쓴 《陰騭錄》이 그 대
표적인 예이다.

40 《書經》,〈康誥〉, "天惟與我民彝, 大泯亂".

41 《詩經》,〈大雅·蕩之什〉,〈烝民〉, "天生烝民. 有物有則. 民之秉彝. 好是懿德".

42 《中庸》, "天命之謂性. 率性之謂道. 修道之謂敎".

43 《孟子》,〈盡心上〉, "知其性, 則知天矣".

44 "國脈之長短, 人力之所爲也"; "謂天地老故(聖人)不生, 不學之過也."《蘐園随筆》
권4,《荻生徂徠全集》제17권, みすず書房, 169·171쪽).

45 《論語》,〈泰伯〉, "民可使由之, 不可使知之".

46 《論語》,〈顏淵〉, "政者正也"; "君子之德風, 小人之德草".

47 《孟子》,〈滕文公上〉, "人之有道也, 飽食煖衣逸居而無敎, 則近於禽獸. 聖人有
憂之. 使契爲司徒, 敎以人倫. 父子有親, 君臣有義, 夫婦有別, 長幼有序, 朋友有
信".

48 《書經》,〈無逸〉, "無皇日今日耽樂. 乃非民攸訓, 非天攸若".

49 《詩經》,〈魏風·伐檀〉, "彼君子兮 不素餐兮"; 《春秋左氏傳》,〈宣公 12년조〉, "民
生在勤 勤則不匱".

⁵⁰ 《孟子》,〈滕文公上〉,"滕君則誠賢君也. 雖然未聞道也. 賢者與民並耕而食, 饔飧而治. 今也滕有倉廩府庫, 則是厲民而以自養也. 惡得賢".

⁵¹ 《墨子》,〈備梯〉,"事子墨子三年 手足胼胝 面目黧黑 役身給使 不敢問欲".

⁵² 《莊子》,〈天下〉,"自操橐耜, 而九雜天下之川. 腓無胈, 脛無毛, 沐甚雨, 櫛疾風, 置萬國".

⁵³ 《莊子》,〈天下〉,"使後世之墨者, 多以裘褐爲衣, 以跂蹻爲服, 日夜不休, 以自苦爲極日, 不能如此, 非禹之道也. 不足謂墨".

⁵⁴ 《二程遺書》卷17, "今農夫祁寒暑雨, 深耕易耨, 播種五穀, 吾得而食之. 今百工技藝作爲器用, 吾得而用之. 甲冑之士披堅執銳以守土宇, 吾得而安之. 卻如此閑過了日月, 卽是天地間一蠹也. 功澤又不及民, 別事又做不得, 惟有補緝聖人遺書, 庶幾有補爾".

⁵⁵ 동일 집단에 소속되어 있다는 감정.

⁵⁶ 노년이 아닌데도 가업을 동생이나 자식에게 물려주고 은거하는 풍습.

⁵⁷ 《詩經》,〈大雅·雲漢〉, "天降喪亂, 饑饉薦臻, …… 大命近止".

⁵⁸ 《墨子》,〈尙同中〉, "此天之降罰也. 將以罰下人之不尙同乎天者也".

⁵⁹ 《漢書》,〈董仲舒傳〉, "國家將有失道之敗, 而天乃先出災害以譴告之, 不知自省, 又出怪異以警懼之. 尙不知變, 而傷敗乃至. 以此見天心之仁愛人君而欲止其亂也".

⁶⁰ "天變地妖連連有奏聞. 是則人愁重疊之故歟. 妖不勝德. 不可如德政. 謂德政者. 以散人愁可爲先也"(《新訂增補國史大系 吾妻鏡 第一》, 吉川弘文館, 297쪽).

⁶¹ 《史記》〈殷本紀〉에서 "伊陟曰, 臣聞, 妖不勝德. 帝之政, 其有闕與. 帝其修德"이라는 문장에 보인다.

⁶² 《尙書注疏》,〈舜典〉, "馬融云, 堯以大聖, 知時運當然, 人力所不能治. 下民其咨, 亦當憂勞. 屈己之是, 從人之非, 遂用於鯀. …… 水爲大災, 天之常運".

⁶³ 《春秋左氏傳》,〈僖公 15년조〉, "震夷伯之廟, 罪之也".

⁶⁴ 《春秋左傳注疏》,〈僖公 15년조〉, "震夷伯之廟, 罪之也. 於是展氏有隱慝焉"에

대한 杜預의 주, "天地之變, 自然之妖".

65 《論語》, 〈陽貨〉, "天何言哉. 四時行焉, 百物生焉".

66 《新語》, 〈道基〉, "天生萬物, 以地養之, 聖人成之".

67 《易經》, 〈乾卦·文言傳〉, "夫大人者, 與天地合其德, 與日月合其明, 與四時合其序".

68 《易經》, 〈泰卦·象傳〉, "后以財成天地之道, 輔相天地之宜, 以左右民". 이 책에서는 '財成'을 '裁成'으로 쓰고 있다.

69 《中庸》제22장, "唯天下至誠, 爲能盡其性. 能盡其性, 則能盡人之性. 能盡人之性, 則能盡物之性. 能盡物之性, 則可以贊天地之化育. 可以贊天地之化育, 則可以與天地參矣."

70 《程子易傳》, 〈泰卦·象傳〉, "體天地交泰之道"; "使民…… 輔助化育之功, 成其豐美之利也".

71 《河南程子經說》권8, "天地之化育猶有所不及. 必人贊之而後備. 則天地非人不立".

72 《中庸》제12장, "天地之大也, 人猶有所憾".

73 《中庸或問》권2, "至於氣化流行, 則鬱陽寒暑吉凶災祥, 不能盡得其正者尤多. 此所以雖以天地之大, 而人猶有憾也".

74 《中庸或問》권1, "聖神之能事, 學問之極功".

75 《朱子語類》권13, "耳目口鼻之在人, 尙各有攸司, 況人在天地間, 自農工商賈等而上之不知其幾, 皆其所當盡者. …… 本分當爲者, 一事有闕, 便廢天職".

76 《니혼쇼키日本書紀》와 《고지키古事記》에는 이자나키伊邪那岐와 이자나미伊邪那美라는 두 신이 성교해 오오야시마大八島(일본 국토)를 낳았다는 국토 탄생 신화가 있다. '슈리코세이' 관이란 이러한 국토 탄생에 견주어서 '국토'를 수리하고 안정시키며 완성하는 활동으로서 농업 등에 적극적인 의미를 부여하는 국학자들의 견해를 가리킨다.

77 《淮南子》, 〈精神訓〉, "頭之圓也象天, 足之方也象地. 天有四時五行九解三百六十六日. 人亦有四支五藏九竅三百六十六節. 天有風雨寒暑, 人亦有取與喜怒. 故膽爲雲, 肺爲氣, 肝爲風, 腎爲雨, 脾爲雷. 以與天地相參也. 而心爲之主".

78 《漢書》권75, 〈兩夏侯京翼李傳〉제45, "臣聞, 人氣內逆, 則感動天地. 天變見於星氣日蝕, 地變見於奇物震動. 所以然者, 陽用其精, 陰用其形. 猶人之有五藏六體, 五藏象天, 六體象地. 故藏病則氣色發於面, 體病則欠申動於貌".

79 《淮南子》, 〈天文訓〉, "蚑行喙息, 莫貴於人. 孔竅肢體, 皆通於天. 天有九重, 人亦有九竅. 天有四時, 以制十二月. 人亦有四肢, 以使十二節".

80 《荀子》, 〈王制〉, "人有氣有生有知, 亦且有義. 故最爲天下貴也".

81 《書經》, 〈泰誓上〉, "惟人萬物之靈".

82 《朱子語類》권4, "如人, 頭圓象天, 足方象地. 平正端直以其受天地之正氣. 所以識道理, 有知識".

83 《性理字義》卷上, 〈命〉, "如人形骸, 卻與天地相應. 頭圓居上象天, 足方居下象地. 北極爲天中央卻在北. 故人百會穴在頂心卻向後. 日月來往只在天之南. 故人之兩眼皆在前. 海鹹水所歸, 在南之下. 故人之小便亦在前下. 此所以爲得氣之正".

84 "蓋人之所以爲人, 而禽獸之爲禽獸, 非惟以頭圓足方, 能言能食, 而後爲人. 乃以斯性之貴且靈, 非物之所能比也"〈同志會籍申約並序〉, 《日本思想大系 33 伊藤仁齋·伊藤東涯》, 岩波書店, 291쪽).

85 《書經》, 〈皐陶謨〉, "天敘有典…… 天秩有禮".

86 《書經》, 〈皐陶謨〉, "天工人其代之".

87 《春秋左氏傳》, 〈成公 13년조〉, "吾聞之, 民受天地之中以生, 所謂命也. 是以有動作禮義威儀之則, 以定命也. 能者養以之福, 不能者敗以取禍".

88 《禮記》, 〈禮運〉, "禮先王以承天之道, 以治人之情. 故失之者死, 得之者生".

89 《禮記》, 〈樂記〉, "天尊地卑, 君臣定矣. 卑高已陳, 貴賤位矣".

90 《尙書注疏》, 〈皐陶謨〉, '天次敘有禮'에 대한 孔穎達의 소, "使賤事貴, 卑承尊.

是天道使之然也".

91 《春秋左氏傳》,〈宣公 4년조〉, "君天也. 天可逃乎".

92 《儀禮》,〈喪服〉, "父者子之天也, 夫者妻之天也".

93 《論語集注》,〈學而〉, "禮者, 天理之節文, 人事之儀則也".

94 "承詔必謹. 君則天之. 臣則地之. 天覆地載"(《日本古典文學大系 日本書紀・下》, 岩波書店, 181~183쪽).

95 《孟子》,〈萬章 下〉, "弗與共天位也, 弗與治天職也, 弗與食天祿也, 士之尊賢者也. 非王公之尊賢也".

96 《明夷待訪錄》,〈原臣〉, "又豈知臣之與君, 名異而實同耶".

97 《論語》,〈堯曰〉, "不知命, 無以爲君子也".

98 "受天命而爲天子爲公卿爲大夫士. 故其學其政. 莫非天職. ……以君命爲悅者. 爲人下者也. 君子則不然也. 稟命於天焉. 以其所傳先王之道也"(《論語徵》卷癸, 《荻生徂徠全集》제4권, みすず書房, 360~361쪽).

99 "明堯舜孔子之道, 盡西洋器械之術, 何止富國, 何止強兵, 布大義於四海而已"(山崎正董 편,《橫井小楠遺稿》, 日新書院, 726쪽).

100 막부 말기에 존왕양이尊王攘夷를 주창하면서 서양 오랑캐의 개국 요구에 굴복한 막부의 타도와 새로운 정권의 수립을 지향한 과격파 운동을 가리킨다.

찾아보기

한 단어 사전, 천

- ⊙ 2013년 4월 27일 초판 1쇄 인쇄
- ⊙ 2013년 4월 29일 초판 1쇄 발행
- ⊙ 글쓴이   히라이시 나오아키
- ⊙ 기획   한림대학교 한림과학원
- ⊙ 옮긴이   이승률
- ⊙ 발행인   박혜숙
- ⊙ 책임편집   허태영
- ⊙ 디자인   조현주
- ⊙ 영업 · 제작   변재원
- ⊙ 펴낸곳 도서출판 푸른역사
  우 110-040 서울시 종로구 통의동 82
  전화: 02)720-8921(편집부) 02)720-8920(영업부)
  팩스: 02)720-9887
  전자우편: 2013history@naver.com
  등록: 1997년 2월 14일 제13-483호
- ⓒ 한림대학교 한림과학원, 2013

ISBN   978-89-94079-88-2 93900
세트   978-89-94079-89-9 93900

* 이 저서는 2007년 정부(교육과학기술부)의 재원으로 한국연구재단의 지원을
  받아 간행되었음(NRF-2007-361-AM0001).